VORWORT

Die Sammlung "Alles wird gut!" von T&P Books ist für Menschen, die für Tourismus und Geschäftsreisen ins Ausland reisen. Die Sprachführer beinhalten, was am wichtigsten ist - die Grundlagen für eine grundlegende Kommunikation. Dies ist eine unverzichtbare Reihe von Sätzen um zu "überleben", während Sie im Ausland sind.

Dieser Sprachführer wird Ihnen in den meisten Fällen helfen, in denen Sie etwas fragen müssen, Richtungsangaben benötigen, wissen wollen wie viel etwas kostet usw. Es kann auch schwierige Kommunikationssituationen lösen, bei denen Gesten einfach nicht hilfreich sind.

Dieses Buch beinhaltet viele Sätze, die nach den wichtigsten Themen gruppiert wurden. Sie werden auch ein kleines Wörterbuch mit nützlichen Wörtern über Nummern, Zeit, Kalender, Farben usw. finden. Das Wörterbuch beinhaltet viele gastronomische Begriffe und wird Ihnen hilfreich bei der Bestellung von Essen in einem Restaurant oder beim Kauf von Lebensmitteln im Lebensmittelgeschäft sein.

Nehmen Sie den "Alles wird gut" Sprachführer mit Ihnen auf die Reise und Sie werden einen unersetzlichen Begleiter haben, der Ihnen helfen wird, Ihren Weg aus jeder Situation zu finden und Ihnen beibringen wird keine Angst beim Sprechen mit Ausländern zu haben.

INHALTSVERZEICHNIS

T&P Books Publishing

Reisesprachführersammlung
"Alles wird gut!"

T&P Books Publishing

SPRACHFÜHRER
- ARMENISCH -

Die nützlichsten Wörter und Sätze

Dieser Sprachführer beinhaltet die häufigsten Sätze und Fragen, die für die grundlegende Kommunikation mit Ausländern benötigt wird

Andrey Taranov

T&P BOOKS

Sprachführer + Wörterbuch mit 250 Wörtern

Sprachführer Deutsch-Armenisch und Mini-Wörterbuch mit 250 Wörtern

Von Andrey Taranov

Die Sammlung "Alles wird gut!" von T&P Books ist für Menschen, die für Tourismus und Geschäftsreisen ins Ausland reisen. Die Sprachführer beinhalten, was am wichtigsten ist - die Grundlagen für eine grundlegende Kommunikation. Dies ist eine unverzichtbare Reihe von Sätzen um zu "überleben", während Sie im Ausland sind.

Sie finden hier auch ein Mini-Wörterbuch mit 250 nützlichen Wörtern, die für die tägliche Kommunikation erforderlich sind - die Namen der Monate und Wochentage, Messungen, Familienmitglieder und mehr.

T&P Books Publishing
www.tpbooks.com

ISBN: 978-1-78492-475-1

Dieses Buch ist auch im E-Book Format erhältlich.
Besuchen Sie uns auch auf www.tpbooks.com oder auf einer der bedeutenden Buchhandlungen online.

AUSSPRACHE

T&P phonetisches Alphabet	Armenisch Beispiel	Deutsch Beispiel
[a]	ճանաչել [čanačél]	schwarz
[ə]	փախսալ [pʰəspʰəsál]	halte
[e]	հեկտար [hektár]	Pferde
[ē]	էկրան [ēkrán]	essen
[i]	ֆիզիկոս [fizikós]	ihr, finden
[o]	շոկոլադ [šokolád]	orange
[u]	հույնուհի [hujnuhí]	kurz
[b]	բամբակ [bambák]	Brille
[d]	դադար [dadár]	Detektiv
[f]	ֆաբրիկա [fábrika]	fünf
[g]	գանգ [gang]	gelb
[j]	ջյույմ [djujm]	Jacke
[h]	հայուհի [hajuhí]	brauchbar
[x]	խախտել [xaχtél]	billig
[k]	կոճակ [kočák]	Kalender
[l]	փիլվել [pʰlvel]	Juli
[m]	մտածել [mtatsél]	Mitte
[t]	տաksի [taksí]	still
[n]	նրանք [nrankʰ]	nicht
[r]	լար [lar]	richtig
[p]	պոմպ [pomp]	Polizei
[ġ]	տղամարդ [tġamárd]	uvulare Vibrant [R]
[s]	սոուս [soús]	sein
[ts]	ծանոթ [tsanótʰ]	Gesetz
[v]	ոստիկան [vostikán]	November
[z]	զանգ [zang]	sein
[kʰ]	երեք [erékʰ]	Flughafen
[pʰ]	փրկել [pʰrkel]	Abhang
[tʰ]	թատրոն [tʰatrón]	Mädchen
[tsʰ]	ակնոց [aknótsʰ]	Staatshymne
[ʒ]	ժամանակ [ʒamanák]	Regisseur
[dz]	ոձիք [odzíkʰ]	Nordsee
[dʒ]	հաջող [hadʒóġ]	Kambodscha
[č]	վիճել [vičél]	Matsch

5

T&P phonetisches Alphabet	Armenisch Beispiel	Deutsch Beispiel
[š]	շահույթ [šahújtʰ]	Chance
[']	բաժակ [baʒák]	Hauptbetonung

LISTE DER ABKÜRZUNGEN

Deutsch. Abkürzungen

Adj	-	Adjektiv
Adv	-	Adverb
Amtsspr.	-	Amtssprache
f	-	Femininum
f, n	-	Femininum, Neutrum
Fem.	-	Femininum
m	-	Maskulinum
m, f	-	Maskulinum, Femininum
m, n	-	Maskulinum, Neutrum
Mask.	-	Maskulinum
n	-	Neutrum
pl	-	Plural
Sg.	-	Singular
ugs.	-	umgangssprachlich
unzähl.	-	unzählbar
usw.	-	und so weiter
v mod	-	Modalverb
vi	-	intransitives Verb
vi, vt	-	intransitives, transitives Verb
vt	-	transitives Verb
zähl.	-	zählbar
z.B.	-	zum Beispiel

Armenisch. Interpunktion

՛	-	Ausrufezeichen
՞	-	Fragezeichen
՝	-	Komma

T&P BOOKS

ARMENISCHER SPRACHFÜHRER

Dieser Teil beinhaltet wichtige Sätze, die sich in verschiedenen realen Situationen als nützlich erweisen können.
Der Sprachführer wird Ihnen dabei helfen nach dem Weg zu fragen, einen Preis zu klären, Tickets zu kaufen und Essen in einem Restaurant zu bestellen.

T&P Books Publishing

INHALT SPRACHFÜHRER

T&P Books Publishing

Entschuldigen Sie bitte, ...	Ներեցեք, ... [neretsʰékʰ, ...]
Hallo.	Բարև Ձեզ: [barév dzez]
Danke.	Շնորհակալություն: [šnorhakaluʰjún]
Auf Wiedersehen.	Ցտեսություն: [tsʰtesutʰjún]
Ja.	Այո: [ajó]
Nein.	Ոչ: [voč]
Ich weiß nicht.	Ես չգիտեմ: [es čgitém]
Wo? | Wohin? | Wann?	Ո՞րտեղ: | Ո՞ւր: | Ե՞րբ: [vórteg? | ur? | erb?]

Ich brauche ...	Ինձ հարկավոր է ... [indz harkavór é ...]
Ich möchte ...	Ես ուզում եմ ... [es uzúm em ...]
Haben Sie ...?	Դուք ունե՞ք ...: [dukʰ unékʰ ...?]
Gibt es hier ...?	Այստեղ կա՞ ...: [ajstéġ ka ...?]
Kann ich ...?	Ես կարո՞ղ եմ ...: [es karóġ em ...?]
Bitte (anfragen)	Խնդրում եմ [xndrum em]

Ich suche ...	Ես փնտրում եմ ... [es pʰntrum em ...]
die Toilette	զուգարան [zugarán]
den Geldautomat	բանկոմատ [bankomát]
die Apotheke	դեղատուն [deġatún]
das Krankenhaus	հիվանդանոց [hivandanótsʰ]
die Polizeistation	ոստիկանության բաժանմունք [vostikanutʰján bažanmúnkʰ]
die U-Bahn	մետրո [metró]

das Taxi	տաքսի [tak^hsi]
den Bahnhof	կայարան [kajarán]

Ich heiße …	Իմ անունը … է: [im anúnə … ē]
Wie heißen Sie?	Ձեր անունն ի՞նչ է: [dzer anúnn inč ē?]
Helfen Sie mir bitte.	Օգնեցեք ինձ, խնդրեմ: [ognets^hék^h indz, χndrem]
Ich habe ein Problem.	Ես խնդիր ունեմ: [es χndir uném]
Mir ist schlecht.	Ես ինձ վատ եմ զգում: [es indz vat em zgum]
Rufen Sie einen Krankenwagen!	Շտապ օգնություն'ն կանչեք: [štap ognut^hjún kančék^h]
Darf ich telefonieren?	Կարո՞ղ եմ զանգահարել: [karóg em zangaharél?]

Entschuldigung.	Ներեցեք [nerets^hék^h]
Keine Ursache.	Խնդրեմ [χndrem]

ich	ես [es]
du	դու [du]
er	նա [na]
sie	նա [na]
sie (Pl, Mask.)	նրանք [nrank^h]
sie (Pl, Fem.)	նրանք [nrank^h]
wir	մենք [menk^h]
ihr	դուք [duk^h]
Sie	Դուք [nrank^h]

EINGANG	ՄՈՒՏՔ [mutk^h]
AUSGANG	ԵԼՔ [elk^h]
AUßER BETRIEB	ՉԻ ԱՇԽԱՏՈՒՄ [či ašχatúm]
GESCHLOSSEN	ՓԱԿ Է [p^hak ē]

OFFEN   ԲԱՑ Է
                         [batsʰ ē]

FÜR DAMEN   ԿԱՆԱՆՑ ՀԱՄԱՐ
                         [kanántsʰ hamár]

FÜR HERREN   ՏՂԱՄԱՐԴԿԱՆՑ ՀԱՄԱՐ
                         [tġamardkántsʰ hamár]

Fragen

Wo?	Որտե՞ղ: [vortéģ?]
Wohin?	Ո՞ւր: [ur?]
Woher?	Որտեղի՞ց: [vorteģits[h]?]
Warum?	Ինչու՞: [inčú?]
Wozu?	Ինչի՞ համար: [inčí hamar?]
Wann?	Ե՞րբ: [erb?]

Wie lange?	Ինչքա՞ն ժամանակ: [inčk[h]án ʒamanák?]
Um wie viel Uhr?	Ժամը քանիսի՞ն: [ʒámə k[h]anisín?]
Wie viel?	Ի՞նչ արժե: [inč arʒé?]
Haben Sie ...?	Դուք ունե՞ք ...: [duk[h] unék[h] ...?]
Wo befindet sich ...?	Որտե՞ղ է գտնվում ...: [vortéģ ē gtnvum ...?]

Wie spät ist es?	Ժամը քանի՞սն է: [ʒámə k[h]anísn ē?]
Darf ich telefonieren?	Կարո՞ղ եմ զանգահարել: [karóģ em zangaharél?]
Wer ist da?	Ո՞վ է: [ov ē?]
Darf ich hier rauchen?	Կարո՞ղ եմ այստեղ ծխել: [karóģ em ajstéģ tsχel?]
Darf ich ...?	Ես կարո՞ղ եմ ...: [es karóģ em ...?]

Bedürfnisse

Ich hätte gerne …	Ես կուզենայի …
	[es kuzenají …]
Ich will nicht …	Ես չեմ ուզում …
	[es čem uzúm …]
Ich habe Durst.	Ես ծարավ եմ:
	[es tsaráv em]
Ich möchte schlafen.	Ես ուզում եմ քնել:
	[es uzúm em kʰnel]

Ich möchte …	Ես ուզում եմ …
	[es uzúm em …]
abwaschen	լվացվել
	[lvatsʰvél]
mir die Zähne putzen	ատամներս մաքրել
	[atamnérs makʰrél]
eine Weile ausruhen	մի քիչ հանգստանալ
	[mi kʰič hangstanál]
meine Kleidung wechseln	շորերս փոխել
	[šorérs pʰoxél]

zurück ins Hotel gehen	վերադառնալ հյուրանոց
	[veradarnál hjuranótsʰ]
kaufen …	գնել …
	[gnel …]
gehen …	գնալ …
	[gnal …]
besuchen …	այցելել …
	[ajtsʰelél …]
treffen …	հանդիպել … հետ
	[handipél … het]
einen Anruf tätigen	զանգահարել
	[zangaharél]

Ich bin müde.	Ես հոգնել եմ:
	[es hognél em]
Wir sind müde.	Մենք հոգնել ենք:
	[menk hognél enkʰ]
Mir ist kalt.	Ես մրսում եմ:
	[es mrsum em]
Mir ist heiß.	Ես շոգում եմ:
	[es šogúm em]
Mir passt es.	Ես լավ եմ:
	[es lav em]

Ich muss telefonieren.

Ich muss auf die Toilette.

Ich muss gehen.

Ich muss jetzt gehen.

Ես պետք է զանգահարեմ:
[es petkʰ ē zangaharém]

Ես զուգարան եմ ուզում:
[es zugarán em uzúm]

Գնալու ժամանակն է:
[gnalús ʒamanákn ē]

Ես պետք է գնամ:
[es petkʰ ē gnam]

Wie man nach dem Weg fragt

Entschuldigen Sie bitte, ...	Ներեցէք, ... [neretsʰékʰ, ...]
Wo befindet sich ...?	Որտե՞ղ է գտնվում ... [vortég é gtnvum ...?]
Welcher Weg ist ...?	Ո՞ր ուղղությամբ է գտնվում ... [vor uggutʰjámb é gtnvum ...?]
Könnten Sie mir bitte helfen?	Օգնեցէք ինձ, խնդրեմ: [ognetsʰékʰ indz, xndrem]

Ich suche ...	Ես փնտրում եմ ... [es pʰntrum em ...]
Ich suche den Ausgang.	Ես փնտրում եմ ելքը: [es pʰntrum em élkʰə]
Ich fahre nach ...	Ես գնում եմ ... [es gnum em ...]
Gehe ich richtig nach ...?	Ես ճի՞շտ եմ գնում ...: [es číšt em gnum ...?]

Ist es weit?	Դա հեռու՞ է: [da hérú é?]
Kann ich dort zu Fuß hingehen?	Ես կհասնե՞մ այնտեղ ոտքով: [es khasném ajntég votkʰóv?]
Können Sie es mir auf der Karte zeigen?	Ցույց տվեք ինձ քարտեզի վրա, խնդրում եմ: [tsʰujtsʰ tvekʰ indz kartezí vra, xndrum em]
Zeigen Sie mir wo wir gerade sind.	Ցույց տվեք՝ որտեղ ենք մենք հիմա: [tsʰujtsʰ tvekʰ, vortég enkʰ menkʰ himá]

Hier	Այստեղ [ajstég]
Dort	Այնտեղ [ajntég]
Hierher	Այստեղ [ajstég]

Biegen Sie rechts ab.	Թեքվեք աջ: [tʰekvékʰ ač]
Biegen Sie links ab.	Թեքվեք ձախ: [tʰekvékʰ dzáx]
erste (zweite, dritte) Abzweigung	առաջին (երկրորդ, երրորդ) շրջադարձ [aračín (erkrórd, errórd) šrdzadárts]
nach rechts	դեպի աջ [depí ač]

nach links

դեպի ձախ
[depi dzaχ]

Laufen Sie geradeaus.

Գնացեք ուղիղ:
[gnatsʰékʰ ugíg]

Schilder

HERZLICH WILLKOMMEN!	ԲԱՐԻ ԳԱԼՈՒՍՏ: [barí galúst!]
EINGANG	ՄՈՒՏՔ [mutkʰ]
AUSGANG	ԵԼՔ [elkʰ]

DRÜCKEN	ԴԵՊԻ ՆԵՐՍ [depí ners]
ZIEHEN	ԴԵՊԻ ԴՈՒՐՍ [depí durs]
OFFEN	ԲԱՑ Է [batsʰ ē]
GESCHLOSSEN	ՓԱԿ Է [pʰak ē]

FÜR DAMEN	ԿԱՆԱՆՑ ՀԱՄԱՐ [kanántsʰ hamár]
FÜR HERREN	ՏՂԱՄԱՐԴԿԱՆՑ ՀԱՄԱՐ [tġamardkántsʰ hamár]
HERREN-WC	ՏՂԱՄԱՐԴԿԱՆՑ ՁՈՒԳԱՐԱՆ [tġamardkántsʰ zugarán]
DAMEN-WC	ԿԱՆԱՆՑ ՁՈՒԳԱՐԱՆ [kanántsʰ zugarán]

RABATT | REDUZIERT	ԶԵՂՉ [zeġč]
AUSVERKAUF	ԻՍՊԱՌ ՎԱՃԱՌՔ [ispár vačárkʰ]
GRATIS	ԱՆՎՃԱՐ [anvčár]
NEU!	ՆՈՐՈՒՅԹ [norújtʰ]
ACHTUNG!	ՈՒՇԱԴՐՈՒԹՅՈՒՆ [ušadrutʰjún]

KEINE ZIMMER FREI	ԱԶԱՏ ՀԱՄԱՐՆԵՐ ՉԿԱՆ [azát hamarnér čkan]
RESERVIERT	ՊԱՏՎԻՐՎԱԾ Է [patvirváts ē]
VERWALTUNG	ԱԴՄԻՆԻՍՏՐԱՑԻԱ [administratsʰiá]
NUR FÜR PERSONAL	ՄԻԱՅՆ ԱՆՁՆԱԿԱԶՄԻ ՀԱՄԱՐ [miájn andznakazmí hamár]

BISSIGER HUND

ԿԱՏԱՂԱԾ ՇՈՒՆ
[kataġáts šun]

RAUCHEN VERBOTEN!

ՉԾԽԵԼ
[čtsχel]

NICHT ANFASSEN!

ՁԵՌՔԵՐՈՎ ՉԴԻՊՉԵԼ
[dzerkʰeróv čdipčél]

GEFÄHRLICH

ՎՏԱՆԳԱՎՈՐ Է
[vtangavór ē]

GEFAHR

ՎՏԱՆԳ
[vtang]

HOCHSPANNUNG

ԲԱՐՁՐ ԼԱՐՈՒՄ
[bartsr larúm]

BADEN VERBOTEN

ԼՈՂԱԼՆ ԱՐԳԵԼՎՈՒՄ Է
[loġáln argelvúm ē]

AUßER BETRIEB

ՉԻ ԱՇԽԱՏՈՒՄ
[či ašχatúm]

LEICHTENTZÜNDLICH

ԴՅՈՒՐԱՎԱՌ Է
[djuravár ē]

VERBOTEN

ԱՐԳԵԼՎԱԾ Է
[argelváts ē]

DURCHGANG VERBOTEN

ՄՈՒՏՔՆ ԱՐԳԵԼՎԱԾ Է
[mutkʰn argelváts ē]

FRISCH GESTRICHEN

ՆԵՐԿՎԱԾ Է
[nerkváts ē]

WEGEN RENOVIERUNG
GESCHLOSSEN

ՓԱԿՎԱԾ Է ՎԵՐԱՆՈՐՈԳՄԱՆ
[pʰakváts ē veranorogmán]

ACHTUNG BAUARBEITEN

ՎԵՐԱՆՈՐՈԳՄԱՆ ԱՇԽԱՏԱՆՔՆԵՐ
[veranorogmán ašχatankʰnér]

UMLEITUNG

ՇՐՋԱՆՑՈՒՄ
[šrdʒantsʰúm]

Transport - Allgemeine Phrasen

Flugzeug	ինքնաթիռ [inkʰnatʰír]
Zug	գնացք [gnatsʰkʰ]
Bus	ավտոբուս [avtobús]
Fähre	լաստանավ [lastanáv]
Taxi	տաքսի [takʰsí]
Auto	ավտոմեքենա [avtomekʰená]

Zeitplan	չվացուցակ [čvatsʰutsʰák]
Wo kann ich den Zeitplan sehen?	Որտե՞ղ կարելի է նայել չվացուցակը: [vortég karelí é najél čvatsʰutsʰákə?]
Arbeitstage	աշխատանքային օրեր [ašχatankʰajín orér]
Wochenenden	հանգստյան օրեր [hangstsján orér]
Ferien	տոնական օրեր [tonakán orér]

ABFLUG	ՄԵԿՆՈՒՄ [meknúm]
ANKUNFT	ԺԱՄԱՆՈՒՄ [ʒamanúm]
VERSPÄTET	ՈՒՇԱՑՈՒՄ [ušatsʰúm]
GESTRICHEN	ՉԵՂՅԱԼ [čeǵjál]

nächste (Zug, usw.)	հաջորդ [hadʒórd]
erste	առաջին [aračín]
letzte	վերջին [verčín]

Wann kommt der Nächste ...?	Ե՞րբ է լինելու հաջորդ ...: [erb é linelú hadʒórd ...?]
Wann kommt der Erste ...?	Ե՞րբ է մեկնում առաջին ...: [erb é meknúm aračín ...?]

Wann kommt der Letzte …?

Ե՞րբ է մեկնում վերջին …:
[erb ē meknúm verčin …?]

Transfer

նստափոխ
[nstapʰóχ]

einen Transfer machen

նստափոխ կատարել
[nstapʰóχ katarél]

Muss ich einen Transfer machen?

Ես պետք է նստափո՞խ կատարեմ:
[es petkʰ ē nstapʰóχ katarém?]

Eine Fahrkarte kaufen

Wo kann ich Fahrkarten kaufen?	Որտե՞ղ կարող եմ տոմսեր գնել: [vortég karóg em tomsér gnel?]
Fahrkarte	տոմս [toms]
Eine Fahrkarte kaufen	տոմս գնել [toms gnel]
Fahrkartenpreis	տոմսի արժեքը [tomsí arʒékʰə]

Wohin?	Ո՞ւր: [ur?]
Welche Station?	Մինչև ո՞ր կայարան: [minčév vor kajarán?]
Ich brauche …	Ինձ հարկավոր է … [indz harkavór é …]
eine Fahrkarte	մեկ տոմս [mek toms]
zwei Fahrkarten	երկու տոմս [erkú toms]
drei Fahrkarten	երեք տոմս [erékʰ toms]

in eine Richtung	մեկ ուղղությամբ [mek uǵǵutʰjámb]
hin und zurück	վերադարձով [veradarʦóv]
erste Klasse	առաջին դաս [aračín das]
zweite Klasse	երկրորդ դաս [erkrórd das]

heute	այսոր [ajsór]
morgen	վաղը [vágə]
übermorgen	վաղը չէ մյուս օրը [vágə čē mjus órə]
am Vormittag	առավոտյան [aravotján]
am Nachmittag	ցերեկը [ʦʰerékə]
am Abend	երեկոյան [érekoján]

Gangplatz

տեղ միջանցքի մոտ
[teg midžants'k'í mot]

Fensterplatz

տեղ պատուհանի մոտ
[teg patuhaní mot]

Wie viel?

Ինչքա՞ն:
[inčk'án?]

Kann ich mit Karte zahlen?

Կարո՞ղ եմ վճարել քարտով:
[karóg em včarél k'artóv?]

Bus

Bus	ավտոբուս [avtobús]
Fernbus	միջքաղաքային ավտոբուս [midʒkaġakʰajin avtobús]
Bushaltestelle	ավտոբուսի կանգառ [avtobusí kangár]
Wo ist die nächste Bushaltestelle?	Որտե՞ղ է մոտակա ավտոբուսի կանգառը: vortég ē motaká avtobusí kangárə?]

Nummer	համար [hamár]
Welchen Bus nehme ich um nach … zu kommen?	Ո՞ր ավտոբուսն է գնում մինչև …: [vor avtobúsn ē gnum minčév …?]
Fährt dieser Bus nach …?	Այս ավտոբուսը գնո՞ւմ է մինչև …: [ajs avtobúsə gnum ē minčév …?]
Wie oft fahren die Busse?	Որքա՞ն հաճախ են երթևեկում ավտոբուսները: vorkʰán hačáχ en ertevekum avtobusnérə?]

---

alle fünfzehn Minuten	յուրաքանչյուր տասնհինգ րոպեն մեկ [jurakʰančjúr tasnhíng ropén mek]
jede halbe Stunde	յուրաքանչյուր կեսժամը մեկ [jurakʰančjúr kes ʒámə mek]
jede Stunde	յուրաքանչյուր ժամը մեկ [jurakʰančjúr ʒámə mek]
mehrmals täglich	օրեկան մի քանի անգամ [orekán mi kʰáni angám]
… Mal am Tag	օրեկան … անգամ [orekán … angám]

Zeitplan	չվացուցակ [čvatsʰutsʰák]
Wo kann ich den Zeitplan sehen?	Որտե՞ղ կարելի է նայել չվացուցակը: [vortég karelí ē najél čvatsʰutsʰákə?]
Wann kommt der nächste Bus?	Ե՞րբ է լինելու հաջորդ ավտոբուսը: [erb ē linelú hadʒórd avtobúsə?]
Wann kommt der erste Bus?	Ե՞րբ է մեկնում առաջին ավտոբուսը: [erb ē meknúm aračín avtobúsə?]
Wann kommt der letzte Bus?	Ե՞րբ է մեկնում վերջին ավտոբուսը: [erb ē meknúm verčín avtobúsə?]

Halt	**կանգառ** [kangár]
Nächster Halt	**հաջորդ կանգառ** [hadžórd kangár]
Letzter Halt	**վերջին կանգառ** [verčín kangár]
Halten Sie hier bitte an.	**Կանգնեք այստեղ, խնդրում եմ:** [kangnékʰ ajstéġ, χndrúm em]
Entschuldigen Sie mich, dies ist meine Haltestelle.	**Թույլ տվեք, սա իմ կանգառն է:** [tʰujl tvekʰ, sa im kangárn ē]

Zug

Zug	գնացք [gnatsʰkʰ]
S-Bahn	մերձքաղաքային գնացք [merdzkagakajín gnatsʰkʰ]
Fernzug	հեռագնաց գնացք [heragnátsʰ gnatsʰkʰ]
Bahnhof	կայարան [kajarán]
Entschuldigen Sie bitte, wo ist der Ausgang zum Bahngleis?	Ներեցեք, որտե՞ղ է ելքը դեպի գնացքները: neretsʰékʰ, vortég ē élkə depí gnatsʰkʰnérə?]

Fährt dieser Zug nach ...?	Այս գնացքը գնու՞մ է մինչև ...: [ajs gnátsʰkʰə gnum ē minčév ...?]
nächste Zug	հաջորդ գնացքը [hadzórd gnátsʰkʰə]
Wann kommt der nächste Zug?	Ե՞րբ է լինելու հաջորդ գնացքը: [erb ē linelú hadzórd gnátsʰkʰə?]
Wo kann ich den Zeitplan sehen?	Որտե՞ղ կարելի է նայել չվացուցակը: [vortég karelí ē najél čvatsʰutsʰákə?]
Von welchem Bahngleis?	Ո՞ր հարթակից: [vor hartʰakítsʰ?]
Wann kommt der Zug in ... an?	Ե՞րբ է գնացքը ժամանում ...: [erb ē gnátsʰkʰə žamanúm ...?]

Helfen Sie mir bitte.	Օգնեցեք ինձ, խնդրեմ: [ognetsʰékʰ indz, χndrem]
Ich suche meinen Platz.	Ես փնտրում եմ իմ տեղը: [es pʰntrum em im tégə]
Wir suchen unsere Plätze.	Մենք փնտրում ենք մեր տեղերը: [menkʰ pʰntrúm enkʰ mer teghérə]

Unser Platz ist besetzt.	Իմ տեղը զբաղված է: [im tégə zbaġváts ē]
Unsere Plätze sind besetzt.	Մեր տեղերը զբաղված են: [mer tegérə zbaġváts en]
Entschuldigen Sie, aber das ist mein Platz.	Ներեցեք, խնդրում եմ, բայց սա իմ տեղն է: neretsʰékʰ, χndrum ēm, bajtsʰ sa im teġn ē]

Ist der Platz frei?

Այս տեղն ազա՞տ է:
[ajs teġn azát ē?]

Darf ich mich hier setzen?

Կարո՞ղ եմ այստեղ նստել:
[karóġ em ajstéġ nstel?]

Im Zug - Dialog (Keine Fahrkarte)

Fahrkarte bitte.
Ձեր տոմսը, խնդրեմ:
[dzer tómsə, χndrem]

Ich habe keine Fahrkarte.
Ես տոմս չունեմ:
[es toms čuném]

Ich habe meine Fahrkarte verloren.
Ես կորցրել եմ իմ տոմսը:
[es kortsʰrél em im tómsə]

Ich habe meine Fahrkarte
zuhause vergessen.
Ես մոռացել եմ իմ տոմսը տանը:
[es moratsʰél em im tómsə tánə]

Sie können von mir
eine Fahrkarte kaufen.
Դուք կարող եք գնել տոմս ինձանից:
[dukʰ karóg ekʰ gnel toms indzanítsʰ]

Sie werden auch eine Strafe zahlen.
Նաև դուք պետք է վճարեք տուգանք:
[naév dukʰ petk ē včarékʰ tugánkʰ]

Gut.
Լավ:
[lav]

Wohin fahren Sie?
Ո՞ւր եք մեկնում:
[ur ekʰ meknúm?]

Ich fahre nach …
Ես գնում եմ մինչև …
[es gnum em minčév …]

Wie viel? Ich verstehe nicht.
Ինչքա՞ն: Ես չեմ հասկանում:
[inčkʰán? es čem haskanúm]

Schreiben Sie es bitte auf.
Գրեք, խնդրում եմ:
[grekʰ, χndrum em]

Gut. Kann ich mit Karte zahlen?
Լավ: Կարո՞ղ եմ վճարել քարտով:
[lav karóg em včarél kʰartóv?]

Ja, das können Sie.
Այո, կարող եք:
[ajó, karóg ekʰ]

Hier ist ihre Quittung.
Ահա ձեր անդորրագիրը:
[ahá dzer andorragírə]

Tut mir leid wegen der Strafe.
Ցավում եմ տուգանքի համար:
[tsʰavúm em tugánkʰí hamár]

Das ist in Ordnung. Es ist meine Schuld.
Ոչինչ: Դա իմ մեղքն է:
[vočínč. da im megkʰn ē]

Genießen Sie Ihre Fahrt.
Հաճելի ճանապարհորդություն:
[hačelí čanaparhordutʰjún]

Taxi

Taxi	տաքսի [takʰsí]
Taxifahrer	տաքսու վարորդ [takʰsú varórd]
Ein Taxi nehmen	տաքսի բռնել [takʰsí brnel]
Taxistand	տաքսու կանգառ [takʰsú kangár]
Wo kann ich ein Taxi bekommen?	Որտե՞ղ կարող եմ տաքսի վերցնել։ [vortéǵ karóǵ em takʰsí vertsʰnél?]
Ein Taxi rufen	տաքսի կանչել [takʰsí kančél]
Ich brauche ein Taxi.	Ինձ տաքսի է հարկավոր։ [indz takʰsí ē harkavór]
Jetzt sofort.	Հենց հիմա։ [hentsʰ híma]
Wie ist Ihre Adresse? (Standort)	Ձեր հասցե՞ն։ [dzer hastsʰén?]
Meine Adresse ist …	Իմ հասցեն … [im hastsʰén …]
Ihr Ziel?	Ո՞ւր եք գնալու։ [ur ekʰ gnalú?]

Entschuldigen Sie bitte, …	Ներեցեք, … [neretsʰékʰ, …]
Sind Sie frei?	Ազա՞տ եք։ [azát ekʰ?]
Was kostet die Fahrt nach …?	Ի՞նչ արժե հասնել մինչև …։ [inč aržé hasnél minčév …?]
Wissen Sie wo es ist?	Դուք գիտե՞ք որտեղ է դա։ [dukʰ gitékʰ vortéǵ ē da?]

Flughafen, bitte.	Օդանավակայան, խնդրում եմ։ [odanavakaján, χndrum em]
Halten Sie hier bitte an.	Կանգնեցրեք այստեղ, խնդրում եմ։ [kangnetsʰrékʰ ajstéǵ, ǵndrum em]
Das ist nicht hier.	Դա այստեղ չէ։ [da ajstéǵ čē]
Das ist die falsche Adresse.	Դա սխալ հասցե է։ [da sχal hastsʰé ē]
nach links	դեպի ձախ [depí dzaχ]
nach rechts	դեպի աջ [depí ač]

31

Was schulde ich Ihnen?

 Որքա՞ն պետք է վճարեմ:
[vorkʰán petkʰ ē včarém?]

Ich würde gerne
ein Quittung haben, bitte.

Տվեք ինձ չեքը, խնդրում եմ:
[tvekʰ indz čékʰə, χndrum em]

Stimmt so.

Մանրը պետք չէ:
[mánrə petkʰ čé]

Warten Sie auf mich bitte

Սպասեք ինձ, խնդրում եմ:
[spasékʰ indz, χndrum em]

fünf Minuten

հինգ րոպե
[hing ropé]

zehn Minuten

տաս րոպե
[tas ropé]

fünfzehn Minuten

տասնհինգ րոպե
[tasnhíng ropé]

zwanzig Minuten

քսան րոպե
[kʰsan ropé]

eine halbe Stunde

կես ժամ
[kes ʒam]

Hotel

Guten Tag.	Բարև Ձեզ: [barév dzez]
Mein Name ist …	Իմ անունը … է: [im anúnə … ē]
Ich habe eine Reservierung.	Ես համար եմ ամրագրել: [es hamár em amragrél]
Ich brauche …	Ինձ հարկավոր է … [indz harkavór ē …]
ein Einzelzimmer	մեկտեղանոց համար [mekteġanótsʰ hamár]
ein Doppelzimmer	երկտեղանոց համար [erkteġanótsʰ hamár]
Wie viel kostet das?	Որքա՞ն այն արժե: [vorkʰán ajn arჳé?]
Das ist ein bisschen teuer.	Դա մի քիչ թանկ է: [da mi kʰič tʰank ē]
Haben Sie sonst noch etwas?	Ունե՞ք որևէ այլ տարբերակ: [unékʰ vórevē ajl tarberák?]
Ich nehme es.	Ես դա կվերցնեմ: [es da kvertsʰném]
Ich zahle bar.	Ես կանխիկ կվճարեմ: [es kanχík kvčarém]
Ich habe ein Problem.	Ես խնդիր ունեմ: [es χndir uném]
Mein … ist kaputt.	Իմ … փչացել է: [im … pʰčatsʰél ē]
Mein … ist außer Betrieb.	Իմ … չի աշխատում: [im … či ašχatúm]
Fernseher	հեռուստացույցը [herustatsʰújtsʰə]
Klimaanlage	օդորակիչը [odorakíčə]
Wasserhahn	ծորակը [tsorákə]
Dusche	ցնցուղը [tsʰntsʰúġə]
Waschbecken	լվացարանը [lvatsʰaránə]
Safe	չհրկիզվող պահարանը [čhrkizvóġ paharánə]

Türschloss	կողպեքը [koģpékʰə]
Steckdose	վարդակը [vardákə]
Föhn	ֆենը [fénə]

Ich habe kein …	Ես … չունեմ: [es … čuném]
Wasser	ջուր [dʒúr]
Licht	լույս [lújs]
Strom	հոսանք [hosankʰ]

Können Sie mir … geben?	Կարո՞ղ եք ինձ տալ …: [karóģ ekʰ indz tal …?]
ein Handtuch	սրբիչ [srbíč]
eine Decke	ծածկոց [tsatskótsʰ]
Hausschuhe	հողաթափեր [hoģatʰapʰér]
einen Bademantel	խալաթ [χalátʰ]
etwas Shampoo	շամպուն [šampún]
etwas Seife	օճառ [očár]

Ich möchte ein anderes Zimmer haben.	Ես կցանկանայի փոխել համարս: [es kʦʰankanáji pʰoχél hamárs]
Ich kann meinen Schlüssel nicht finden.	Ես չեմ կարողանում գտնել իմ բանալին: [es čem karoģanúm gtnel im banalín]
Machen Sie bitte meine Tür auf	Խնդրում եմ, բացեք իմ համարը: [χndrum em batsʰékʰ im hamárə]
Wer ist da?	Ո՞վ է: [ov ē?]
Kommen Sie rein!	Մտե՛ք: [mtekʰ!]
Einen Moment bitte!	Մեկ րոպե՛: [mek ropé!]
Nicht jetzt bitte.	Խնդրում եմ, հիմա չէ: [χndrum em, hima čē]

Kommen Sie bitte in mein Zimmer.	Խնդրում եմ, ինձ մոտ մտեք: [χndrum em, indz mot mtekʰ]
Ich würde gerne Essen bestellen.	Ես ուզում եմ ուտելիք համար պատվիրել: es uzúm em utelíkʰ hamár patvirél]

Meine Zimmernummer ist …	Իմ սենյակի համարը … է: [im senjakí hamárə … ë]
Ich reise … ab.	Ես մեկնում եմ … [es meknúm em …]
Wir reisen … ab.	Մենք մեկնում ենք … [menkʰ meknúm enkʰ …]
jetzt	հիմա [híma]
diesen Nachmittag	այսոր ճաշից հետո [ajsór čašíʦʰ hetó]
heute Abend	այսոր երեկոյան [ajsór erekoján]
morgen	վաղը [vágə]
morgen früh	վաղն առավոտյան [vaġn aravotján]
morgen Abend	վաղը երեկոյան [vágə erekoján]
übermorgen	վաղը չէ մյուս օրը [vágə čë mjus órə]

Ich möchte die Zimmerrechnung begleichen.	Ես կուզենայի հաշիվը փակել: [es kuzenáji hašíve pʰakél]
Alles war wunderbar.	Ամեն ինչ հոյակապ էր: [amén inč hojakáp ë]
Wo kann ich ein Taxi bekommen?	Որտե՞ղ կարող եմ տաքսի վերցնել: [vortéġ karóġ em takʰsí verʦʰnél?]
Würden Sie bitte ein Taxi für mich holen?	Ինձ համար տաքսի կանչեք, խնդրում եմ: indz hamár takʰsí kančékʰ, χndrum em]

Restaurant

Könnte ich die Speisekarte sehen bitte?	Կարո՞ղ եմ նայել ձեր ճաշացանկը: [karóğ em naél dzer čašatsʰánkə?]
Tisch für einen.	Սեղան մեկ հոգու համար: [seğán mek hogú hamár]
Wir sind zu zweit (dritt, viert).	Մենք երկուսով (երեքով, չորսով) ենք: [menkʰ erkusóv (erekʰóv, čorsóv) enkʰ]

Raucher	Ծխողների համար [tsχoğnerí hamár]
Nichtraucher	Չծխողների համար [čtsχoğnerí hamár]
Entschuldigen Sie mich! (Einen Kellner ansprechen)	Մուտեգե՛ք խնդրեմ: [moteʦʰékʰ χndrém!]
Speisekarte	Ճաշացանկ [čašatsʰánk]
Weinkarte	Գինեքարտ [ginekʰárt]
Die Speisekarte bitte.	Ճաշացանկը, խնդրեմ: [čašatsʰánkə, χndrem]

Sind Sie bereit zum bestellen?	Պատրա՞ստ եք պատվիրել: [patrást ekʰ patvirél?]
Was würden Sie gerne haben?	Ի՞նչ եք պատվիրելու: [inč ekʰ patvirelú?]
Ich möchte …	Ես կվերցնեմ … [es kvertsʰném …]

Ich bin Vegetarier.	Ես բուսակեր եմ: [es busakér em]
Fleisch	միս [mis]
Fisch	ձուկ [dzuk]
Gemüse	բանջարեղեն [bandžareğén]
Haben Sie vegetarisches Essen?	Դուք ունե՞ք բուսակերական ճաշատեսակներ: dukʰ unékʰ busakerakán čašatesaknér?]
Ich esse kein Schweinefleisch.	Ես խոզի միս չեմ ուտում: [es χozí mis čem utúm]
Er /Sie/ isst kein Fleisch.	Նա միս չի ուտում: [na mis či utúm]

Ich bin allergisch auf …

Ես ...ից ալերգիա ունեմ:
[es ...itsʰ alergija uném]

Könnten Sie mir bitte … Bringen.

Խնդրում եմ, ինձ ... բերեք:
[xndrum em, indz … berékʰ]

Salz | Pfeffer | Zucker

աղ | պղպեղ | շաքար
[ağ | pğpeğ | šákʰár]

Kaffee | Tee | Nachtisch

սուրճ | թեյ | աղանդեր
[surč | tʰej | ağandér]

Wasser | Sprudel | stilles

ջուր | գազավորված | չգազավորված
[džur | gazavorváts | čgazavorváts]

einen Löffel | eine Gabel | ein Messer

գդալ | պատառաքաղ | դանակ
[gdal | patarakʰáğ | danák]

einen Teller | eine Serviette

ափսե | անձեռոցիկ
[apʰsé | andzerotsʰík]

Guten Appetit!

Բարի ախորժակ:
[barí axorʒák!]

Noch einen bitte.

Էլի բերեք, խնդրում եմ:
[éli berékʰ, xndrum ēm]

Es war sehr lecker.

Շատ համեղ էր:
[šat haméğ ēr]

Scheck | Wechselgeld | Trinkgeld

հաշիվ | մանրադրամ | թեյավճար
[hašiv | manradrám | tʰejavčár]

Zahlen bitte.

Հաշիվը, խնդրում եմ:
[hašivə, xndrum em]

Kann ich mit Karte zahlen?

Կարո՞ղ եմ վճարել քարտով:
[karóğ em včarél kʰartóv?]

Entschuldigen Sie, hier ist ein Fehler.

Ներեցեք, այստեղ սխալ կա:
[neretsʰékʰ, ajstéğ sxal ka]

Einkaufen

Kann ich Ihnen behilflich sein?	Կարո՞ղ եմ օգնել ձեզ: [karóǵ em ognél dzez?]
Haben Sie …?	Դուք ունե՞ք …: [dukʰ unékʰ …?]
Ich suche …	Ես փնտրում եմ … [es pʰntrum em …]
Ich brauche …	Ինձ պետք է … [indz petkʰ ē …]

Ich möchte nur schauen.	Ես ուղղակի նայում եմ: [es uǵǵakí najúm em]
Wir möchten nur schauen.	Մենք ուղղակի նայում ենք: [menkʰ uǵǵakí najúm enkʰ]
Ich komme später noch einmal zurück.	Ես ավելի ուշ կայցելեմ: [es avelí uš kajtsʰelém]
Wir kommen später vorbei.	Մենք ավելի ուշ կայցելենք: [menkʰ avelí uš kajtsʰelénk]
Rabatt | Ausverkauf	զեղչեր | խսպառ վաճարք [zegčér | ispár vačárkʰ]

Zeigen Sie mir bitte …	Ցույց տվեք ինձ, խնդրում եմ … [tsʰujtsʰ tvekʰ indz, χndrum em …]
Geben Sie mir bitte …	Տվեք ինձ, խնդրում եմ … [tvekʰ indz, χndrum em…]
Kann ich es anprobieren?	Կարո՞ղ եմ ես սա փորձել: [karóǵ em es sa pʰordzél?]
Entschuldigen Sie bitte, wo ist die Anprobe?	Ներեցեք, որտե՞ղ է հանդերձարանը: [neretsʰékʰ, vortég ē handerdzaráne?]
Welche Farbe mögen Sie?	Ի՞նչ գույն եք ուզում: [inč gujn ekʰ uzum?]
Größe | Länge	չափս | հասակ [čapʰs | hasák]
Wie sitzt es?	Եղա՞վ: [egáv?]

Was kostet das?	Սա ինչքա՞ն արժե: [sa inčkʰán aržē?]
Das ist zu teuer.	Դա չափազանց թանկ է: [da čapʰazántsʰ tʰank ē]
Ich nehme es.	Ես կվերցնեմ սա: [es kvertsʰném sa]
Entschuldigen Sie bitte, wo ist die Kasse?	Ներեցեք, որտե՞ղ է դրամարկղը: [neretsʰékʰ, vortég ē dramárkġe?]

Zahlen Sie Bar oder mit Karte?	Ինչպե՞ս կ եք վճարելու։ Կանխիկ կ թե քարտով։ inčpés ekʰ včarelú? kanχík tʰe kʰartóv?]
in Bar | mit Karte	կանխիկ | քարտով [kanχík | kʰartóv]

Brauchen Sie die Quittung?	Ձեզ չեկն անհրաժե՞շտ է։ [dzez čekʰn anhraʒéšt ē?]
Ja, bitte.	Այո, խնդրում եմ։ [ajó, χndrum em]
Nein, es ist ok.	Ոչ, պետք չէ։ Շնորհակալություն։ [voč, petkʰ čē. šnorhakalutʰjún]
Danke. Einen schönen Tag noch!	Շնորհակալություն։ Ցտեսություն։ [šnorhakalutʰjún tsʰtesutʰjún!]

In der Stadt

Entschuldigen Sie bitte, …
Ներեցեք խնդրեմ …
[nerets'ek', xndrem …]

Ich suche …
Ես փնտրում եմ …
[es p'ntrum em …]

die U-Bahn
մետրո
[metró]

mein Hotel
իմ հյուրանոցը
[im hjuranóts'ə]

das Kino
կինոթատրոն
[kinot'atrón]

den Taxistand
տաքսիների կայան
[tak'sinerí kaján]

einen Geldautomat
բանկոմատ
[bankomát]

eine Wechselstube
արժույթի փոխանակման կետ
[arʒujt'í p'oχanakmán ket]

ein Internetcafé
ինտերնետ-սրճարան
[internét-srčarán]

die … -Straße
… փողոցը
[… p'ogóts'ə]

diesen Ort
այս տեղը
[ajs tégə]

Wissen Sie, wo … ist?
Դուք գիտե՞ք որտեղ է գտնվում …:
[duk' giték' vortég ē gtnvum …?]

Wie heißt diese Straße?
Ինչպե՞ս է կոչվում այս փողոցը:
[inčpés ē kočvum ajs p'ogóts'ə?]

Zeigen Sie mir wo wir gerade sind.
Ցույց տվեք որտեղ ենք մենք հիմա:
[ts'ujts' tvek', vortég enk' menk' himá]

Kann ich dort zu Fuß hingehen?
Ես կհասնե՞մ այնտեղ ոտքով:
[es khasném ajntég votk'óv?]

Haben Sie einen Stadtplan?
Դուք ունե՞ք քաղաքի քարտեզը:
[duk' unék' k'agakí k'artézə?]

Was kostet eine Eintrittskarte?
Որքա՞ն արժէ մուտքի տոմսը:
[vorkán arʒé mutk'í tómsə?]

Darf man hier fotografieren?
Այստեղ կարելի՞ է լուսանկարել:
[ajstég kareli ē lusankarél?]

Haben Sie offen?
Դուք բա՞ց եք:
[duk' bats' ek'?]

Wann öffnen Sie?

Ժամը քանիսի՞ն եք դուք բացվում:
[ʒámə kʰanisín ek duk batsʰvúm?]

Wann schließen Sie?

Մինչև ո՞ր ժամն եք աշխատում:
[minčév vor ʒámn ekʰ ašχatúm?]

Geld

Geld	փող [pʰog]
Bargeld	կանխիկ դրամ [kanχík dram]
Papiergeld	թղթադրամ [tʰgtʰadrám]
Kleingeld	մանրադրամ [manradrám]
Scheck | Wechselgeld | Trinkgeld	հաշիվ | մանր | թեյավճար [hašív | manr | tʰejavčár]
Kreditkarte	կրեդիտ քարտ [kredít kʰart]
Geldbeutel	դրամապանակ [dramapanák]
kaufen	գնել [gnel]
zahlen	վճարել [včarél]
Strafe	տուգանք [tugánkʰ]
kostenlos	անվճար [anvčár]
Wo kann ich … kaufen?	Որտե՞ղ կարող եմ գնել …: [vórteǵ karóǵ em gnel …?]
Ist die Bank jetzt offen?	Բանկը հիմա բա՞ց է: [bánkə himá batsʰ é?]
Wann öffnet sie?	Ժամը քանիսի՞ն է այն բացվում: [ʒámə kʰanisín é ajn batsʰvúm?]
Wann schließt sie?	Մինչև ո՞ր ժամն է այն աշխատում: [minčév vor ʒamn é ajn ašχatúm?]
Wie viel?	Ինչքա՞ն: [inčkʰán?]
Was kostet das?	Սա ինչքա՞ն արժե: [sa inčkʰán arʒé?]
Das ist zu teuer.	Դա չափազանց թանկ է: [da čapʰazántsʰ tʰank é]
Entschuldigen Sie bitte, wo ist die Kasse?	Ներեցեք, որտե՞ղ է դրամարկղը: [neretsʰékʰ, vortéǵ é dramárkgə?]
Ich möchte zahlen.	Հաշիվը, խնդրում եմ: [hašívə, χndrum em]

Kann ich mit Karte zahlen?

Կարո՞ղ եմ վճարել քարտով:
[karóǵ em včarél kʰartóv?]

Gibt es hier einen Geldautomat?

Այստեղ բանկոմատ կա՞:
[ajstéǵ bankomát ka?]

Ich brauche einen Geldautomat.

Ինձ բանկոմատ է հարկավոր:
[indz bankomát ē harkavór]

Ich suche eine Wechselstube.

Ես փնտրում եմ փոխանակման կետ:
[es pʰntrum em pʰoχanakmán ket]

Ich möchte ... wechseln.

Ես ուզում եմ փոխանակել ...
[es uzúm em pʰoχanakél ...]

Was ist der Wechselkurs?

Ասացեք, խնդրեմ, փոխարժեքը:
[asatsʰékʰ, χndrém, pʰoχarჳékʰə?]

Brauchen Sie meinen Reisepass?

Ձեզ պե՞տք է իմ անձնագիրը:
[dzez petkʰ ē im andznagírə?]

Zeit

Wie spät ist es?	Ժամը քանի՞սն է: [ʒámə kʰanísn ē?]
Wann?	Ե՞րբ: [erb?]
Um wie viel Uhr?	Ժամը քանիսի՞ն: [ʒámə kʰanisín?]
jetzt | später | nach …	հիմա | ավելի ուշ | …ից հետո [híma | avelí uš | …itsʰ hetó]

ein Uhr	ցերեկվա ժամը մեկը [tsʰerekvá ʒámə mékə]
Viertel zwei	մեկն անց տասնհինգ րոպե [mékn antsʰ tasnhíng ropé]
Ein Uhr dreißig	մեկն անց կես [mékn antsʰ kes]
Viertel vor zwei	երկուսին տասնհինգ պակաս [erkusín tasnhíng pakás]

eins | zwei | drei	մեկ | երկու | երեք [mek | erkú | erékʰ]
vier | fünf | sechs	չորս | հինգ | վեց [čors | hing | vetsʰ]
sieben | acht | neun	յոթ | ութ | ինը [jotʰ | utʰ | ínə]
zehn | elf | zwölf	տաս | տասնմեկ | տասներկու [tas | tasnəmék | tasnerkú]

in …	…ից […itsʰ]
fünf Minuten	հինգ րոպե [hing ropé]
zehn Minuten	տաս րոպե [tas ropé]
fünfzehn Minuten	տասնհինգ րոպե [tasnhíng ropé]
zwanzig Minuten	քսան րոպե [kʰsan ropé]
einer halben Stunde	կես ժամ [kes ʒam]
einer Stunde	մեկ ժամ [mek ʒam]

am Vormittag	առավոտյան [aravotján]
früh am Morgen	վաղ առավոտյան [vag aravotján]
diesen Morgen	այսոր առավոտյան [ajsór aravotján]
morgen früh	վաղն առավոտյան [vagn aravotján]
am Mittag	ճաշին [čašín]
am Nachmittag	ճաշից հետո [čašíts^h hetó]
am Abend	երեկոյան [erekoján]
heute Abend	այսոր երեկոյան [ajsór erekoján]
in der Nacht	գիշերը [gišérə]
gestern	երեկ [erék]
heute	այսոր [ajsór]
morgen	վաղը [vágə]
übermorgen	վաղը չէ մյուս օրը [vágə čē mjus órə]
Welcher Tag ist heute?	Շաբաթվա ի՞նչ օր է այսոր: [šabat^hvá inč or ē ajsór?]
Es ist …	Այսոր … է: [ajsór … ē]
Montag	երկուշաբթի [erkušabt^hí]
Dienstag	երեքշաբթի [erek^hšabt^hí]
Mittwoch	չորեքշաբթի [čorek^hšabt^hí]
Donnerstag	հինգշաբթի [hingšabt^hí]
Freitag	ուրբաթ [urbát^h]
Samstag	շաբաթ [šabát^h]
Sonntag	կիրակի [kirakí]

Begrüßungen und Vorstellungen

Hallo.
Բարև Ձեզ:
[barév dzez]

Freut mich, Sie kennen zu lernen.
Ուրախ եմ Ձեզ հետ ծանոթանալու:
[uráχ em dzez het tsanotʰanalú]

Ganz meinerseits.
Նմանապես:
[nmanapés]

Darf ich vorstellen? Das ist …
Ծանոթացեք: Սա … է:
[tsanotʰatsʰékʰ. sa … ē]

Sehr angenehm.
Շատ հաճելի է:
[šat hačelí ē]

Wie geht es Ihnen?
Ինչպե՞ս եք: Ինչպե՞ս են Ձեր գործերը:
[inčpés ekʰ? inčpés en dzer gorfsérə?]

Ich heiße …
Իմ անունը … է:
[im anúnə … ē]

Er heißt …
Նրա անունը … է:
[nra anúnə … ē]

Sie heißt …
Նրա անունը … է:
[nra anúnə … ē]

Wie heißen Sie?
Ձեր անունն ի՞նչ է:
[dzer anúnn inč ē?]

Wie heißt er?
Ի՞նչ է նրա անունը:
[inč ē nra anúnə?]

Wie heißt sie?
Ի՞նչ է նրա անունը:
[ínč ē nra anúnə?]

Wie ist Ihr Nachname?
Ի՞նչ է Ձեր ազգանունը:
[inč ē dzer azganúnə?]

Sie können mich … nennen.
Ասացեք ինձ …
[asatsʰékʰ indz …]

Woher kommen Sie?
Որտեղի՞ց եք դուք:
[vortegítsʰ ekʰ dukʰ?]

Ich komme aus …
Ես …ից եմ:
[es …itsʰ em]

Was machen Sie beruflich?
Որտե՞ղ եք աշխատում:
[vortég ekʰ ašχatúm?]

Wer ist das?
Ո՞վ է սա:
[ov ē sa?]

Wer ist er?
Ո՞վ է նա:
[ov ē na?]

Wer ist sie?
Ո՞վ է նա:
[ov ē na?]

Wer sind sie?
Ո՞վ են նրանք:
[ov en nrankʰ?]

Das ist …	**Սա …ն է:** [sa …n ē]
mein Freund	**իմ ընկեր** [im ənkér]
meine Freundin	**իմ ընկերուհի** [im ənkeruhí]
mein Mann	**իմ ամուսին** [im amusín]
meine Frau	**իմ կին** [im kin]
mein Vater	**իմ հայր** [im hajr]
meine Mutter	**իմ մայր** [im majr]
mein Bruder	**իմ եղբայր** [im egbájr]
meine Schwester	**իմ քույր** [im kʰujr]
mein Sohn	**իմ որդի** [im vordí]
meine Tochter	**իմ դուստր** [im dustr]
Das ist unser Sohn.	**Սա մեր որդին է:** [sa mer vordín ē]
Das ist unsere Tochter.	**Սա մեր դուստրն է:** [sa mer dustrn ē]
Das sind meine Kinder.	**Սրանք իմ երեխաներն են:** [srankʰ im ereχanérn en]
Das sind unsere Kinder.	**Սրանք մեր երեխաներն են:** [srankʰ mer ereχanérn en]

Verabschiedungen

Auf Wiedersehen!	Ցտեսություն։ [tsʰtesutʰjún!]
Tschüss!	Հաջո՛ղ։ [hadʒóg!]
Bis morgen.	Մինչ վաղը։ [minč vágə]
Bis bald.	Մինչ հանդիպում։ [minč handipúm]
Bis um sieben.	Կհանդիպենք ժամը յոթին։ [khandipénkʰ ʒámə jotʰín]

Viel Spaß!	Զվարճացե՛ք։ [zvarčatsʰékʰ!]
Wir sprechen später.	Հետո կխոսենք։ [hetó kχosénkʰ]
Ich wünsche Ihnen ein schönes Wochenende.	Հաջող հանգստյան օրեր եմ ցանկանում։ [hadʒóg hangstján orér em tsʰankaním]
Gute Nacht.	Բարի գիշեր։ [barí gisér]

Es ist Zeit, dass ich gehe.	Գնալու ժամանակն է։ [gnalús ʒamanákn é]
Ich muss gehen.	Ես պետք է գնամ։ [es petkʰ é gnam]
Ich bin gleich wieder da.	Ես հիմա կվերադառնամ։ [es himá kveradarnám]

Es ist schon spät.	Արդեն ուշ է։ [ardén uš é]
Ich muss früh aufstehen.	Ես պետք է վաղ արթնանամ։ [es petkʰ é vağ artʰnanám]
Ich reise morgen ab.	Ես վաղը մեկնում եմ։ [es vágə meknúm em]
Wir reisen morgen ab.	Մենք վաղը մեկնում ենք։ [menkʰ vágə meknúm enkʰ]

Ich wünsche Ihnen eine gute Reise!	Բարի ճանապարհ։ [barí čanapárh!]
Hat mich gefreut, Sie kennen zu lernen.	Հաճելի էր ձեզ հետ ծանոթանալ։ [hačelí ēr dzez hēt tsanotʰanál]
Hat mich gefreut mit Ihnen zu sprechen.	Հաճելի էր ձեզ հետ շփվել։ [hačelí ēr dzez hēt špʰvel]
Danke für alles.	Շնորհակալություն ամեն ինչի համար։ [šnorhakalutʰjún amén inčí hamár]

Ich hatte eine sehr gute Zeit.

Ես հրաշկապ անցկացրեցի ժամանակը։
[es hojakáp antsʰkatsʰretsʰí ʒamánákə]

Wir hatten eine sehr gute Zeit.

Մենք հրաշկապ անցկացրեցինք ժամանակը։
menkʰ hojakáp antsʰkatsʰretsʰínkʰ
ʒamánákə]

Es war wirklich toll.

Ամեն ինչ հրաշկապ էր։
[amén inč hojakáp ér]

Ich werde Sie vermissen.

Ես կկարոտեմ։
[es kəkarotém]

Wir werden Sie vermissen.

Մենք կկարոտենք։
[menkʰ kəkaroténkʰ]

Viel Glück!

Հաջողություն! Մնաք բարով։
[haʤoġutʰjún! mnakʰ baróv!]

Grüßen Sie ...

Բարևեք ...ին։
[barevékʰ ...in]

Fremdsprache

Ich verstehe nicht.	Ես չեմ հասկանում։ [es čem haskaném]
Schreiben Sie es bitte auf.	Խնդրում եմ, գրեք դա։ [xndrum em, grekʰ da]
Sprechen Sie ...?	Դուք գիտե՞ք ...: [dukʰ gitékʰ ...?]

Ich spreche ein bisschen ...	Ես գիտեմ մի քիչ ... [es gitém mi kʰič ...]
Englisch	անգլերեն [anglerén]
Türkisch	թուրքերեն [tʰurkʰerén]
Arabisch	արաբերեն [araberén]
Französisch	ֆրանսերեն [franserén]

Deutsch	գերմաներեն [germanerén]
Italienisch	իտալերեն [italerén]
Spanisch	իսպաներեն [ispanerén]
Portugiesisch	պորտուգալերեն [portugalerén]
Chinesisch	չիներեն [činerén]
Japanisch	ճապոներեն [čaponerén]

Können Sie das bitte wiederholen.	Կրկնեք, խնդրեմ։ [krknekʰ, xndrem]
Ich verstehe.	Ես հասկանում եմ։ [es haskaném em]
Ich verstehe nicht.	Ես չեմ հասկանում։ [es čem haskaném]
Sprechen Sie etwas langsamer.	Խոսեք դանդաղ, խնդրում եմ։ [xosékʰ dandáǧ, xndrum em]

Ist das richtig?	Սա ճի՞շտ է։ [sa čišt ē?]
Was ist das? (Was bedeutet das?)	Ի՞նչ է սա։ [inč ē sa?]

Entschuldigungen

Entschuldigen Sie bitte.	Ներեցեք, խնդրեմ։ [nerets‘ék‘, χndrem]
Es tut mir leid.	Ցավում եմ։ [ts‘avúm em]
Es tut mir sehr leid.	Շատ ափսոս։ [šat ap‘sós]
Es tut mir leid, das ist meine Schuld.	Իմ մեղավորությունն է։ [im meǧavorut‘júnn ē]
Das ist mein Fehler.	Իմ սխալն է։ [im sχaln ē]

Darf ich …?	Ես կարո՞ղ եմ …։ [es karóǧ em …?]
Haben Sie etwas dagegen, wenn ich …?	Դեմ չե՞ք լինի, եթե ես …։ [dem ček‘ lini, et‘é es …?]
Es ist okay.	Սարսափելի ոչինչ չկա։ [sarsap‘elí vočínč čka]
Alles in Ordnung.	Ամեն ինչ կարգին է։ [amén inč kargín ē]
Machen Sie sich keine Sorgen.	Մի անհանգստացեք։ [mi anhangstats‘ék‘]

Einigung

Ja.	Այո: [ajó]
Ja, natürlich.	Այո, իհարկե: [ajó, ihárke]
Ok! (Gut!)	Լավ [lav!]
Sehr gut.	Շատ լավ: [šat lav]
Natürlich!	Իհա'րկե: [ihárke!]
Genau.	Ես համաձայն եմ: [es hamadzájn em]

Das stimmt.	Ճիշտ է: [čišt ē]
Das ist richtig.	Ճիշտ է: [čišt ē]
Sie haben Recht.	Դուք իրավացի եք: [dukʰ iravatsʰí ekʰ]
Ich habe nichts dagegen.	Ես չեմ առարկում: [es čem ararkúm]
Völlig richtig.	Բացարձակ ճիշտ է: [batsʰardzák čišt ē]

Das kann sein.	Հնարավոր է: [hnaravór ē]
Das ist eine gute Idee.	Լավ միտք է: [lav mitkʰ ē]
Ich kann es nicht ablehnen.	Չեմ կարող մերժել: [čem karóg meržél]
Ich würde mich freuen.	Ուրախ կլինեմ: [uráx kliném]
Gerne.	Հաճույքով: [hačujkʰóv]

Ablehnung. Äußerung von Zweifel

Nein.	Ոչ: [voč]
Natürlich nicht.	Իհարկե, ոչ: [ihárke, voč]
Ich stimme nicht zu.	Ես համաձայն չեմ: [es hamadzájn ēm]
Das glaube ich nicht.	Ես այդպես չեմ կարծում: [es ajdpés čem karĭsúm]
Das ist falsch.	Սուտ է: [sut ē]

Sie liegen falsch.	Դուք իրավացի չեք: [dukʰ iravaĭsʰí čekʰ]
Ich glaube, Sie haben Unrecht.	Կարծում եմ՝ իրավացի չեք: [karĭsúm em, iravaĭsʰí čekʰ]
Ich bin nicht sicher.	Համոզված չեմ: [hamozvátĭs čem]
Das ist unmöglich.	Անհնար է: [anhnár ē]
Nichts dergleichen!	Ո՛չ մի նման բան: [voč mi nman ban!]

Im Gegenteil!	Հակառակը: [hakárákə!]
Ich bin dagegen.	Ես դեմ եմ: [es dem em]
Es ist mir egal.	Ինձ միեւնույն է: [indz mievnújn ē]
Keine Ahnung.	Գաղափար չունեմ: [gaġapʰár čuném]
Ich bezweifle, dass es so ist.	Կասկածում եմ, որ այդպես է: [kaskaĭsúm ēm, vor ajdpés ē]

Es tut mir leid, ich kann nicht.	Ներեցեք, չեմ կարող: [nereĭsʰékʰ, čem karóġ]
Es tut mir leid, ich möchte nicht.	Ներեցեք, չեմ ուզում: [nereĭsʰékʰ, čem uzúm]

Danke, das brauche ich nicht.	Շնորհակալություն, ինձ պետք չէ: [šnorhakalutʰjún, indz petkʰ čē]
Es ist schon spät.	Արդեն ուշ է: [ardén uš ē]

Ich muss früh aufstehen.

Ես պետք է վաղ արթնանամ։
[es petkʰ ē vaġ artʰnanám]

Mir geht es schlecht.

Ես ինձ վատ եմ զգում։
[es indz vat em zgum]

Dankbarkeit ausdrücken

Danke.
Շնորհակալություն:
[šnorhakaluthjún]

Dankeschön.
Շատ շնորհակալ եմ:
[šat šnorhakál em]

Ich bin Ihnen sehr verbunden.
Շատ շնորհակալ եմ:
[šat šnorhakál em]

Ich bin Ihnen sehr dankbar.
Շնորհակալ եմ:
[šnorhakál em]

Wir sind Ihnen sehr dankbar.
Շնորհակալ ենք:
[šnorhakál enkh]

Danke, dass Sie Ihre Zeit
geopfert haben.
Շնորհակալություն, որ ծախսեցիք
ձեր ժամանակը:
šnorhakaluthjún, vor tsaχsetshíkh
dzer ʒamanákə]

Danke für alles.
Շնորհակալություն ամեն ինչի համար:
[šnorhakaluthjún amén inčí hamár]

Danke für …
Շնորհակալություն … համար:
[šnorhakaluthjún … hamár]

Ihre Hilfe
ձեր օգնության
[dzer ognuthján]

die schöne Zeit
լավ ժամանգի
[lav ʒamantshʰi]

das wunderbare Essen
հոյակապ ուտեստների
[hojakáp útestnerí]

den angenehmen Abend
հաձելի երեկոյի
[hačelí erekojí]

den wunderschönen Tag
հիանալի օրվա
[hianalí orvá]

die interessante Führung
հետաքրքիր էքսկուրսիայի
[hetakhrkír ékhskursiají]

Keine Ursache.
Չարժե:
[čarʒé]

Nichts zu danken.
Չարժե:
[čarʒé]

Immer gerne.
Միշտ խնդրեմ:
[mišt χndrém]

Es freut mich, geholfen zu haben.
Ուրախ էի օգնելու:
[uráχ ei ognelú]

Vergessen Sie es.

Մոռացեք:
[moratsʰékʰ]

Machen Sie sich keine Sorgen.

Մի անհանգստացեք:
[mi anhangstatsʰékʰ]

Glückwünsche. Beste Wünsche

Glückwunsch!

Շնորհավորո՛ւմ եմ:
[šnorhavorúm em!]

Alles gute zum Geburtstag!

Շնորհավո՛ր ծննդյան օրդ:
[šnorhavór tsnəndzján óre!]

Frohe Weihnachten!

Շնորհավո՛ր Սուրբ ծնունդ:
[šnorhavór surb tsnund!]

Frohes neues Jahr!

Շնորհավո՛ր Ամանոր:
[šnorhavór amanór!]

Frohe Ostern!

Շնորհավո՛ր Զատիկ:
[šnorhavór zatík!]

Frohes Hanukkah!

Ուրա՛խ Հանուկա:
[uráx hánuka!]

Ich möchte einen Toast ausbringen.

Ես կենաց ունեմ:
[es kenátsʰ uném]

Auf Ihr Wohl!

Ձեր առողջության կենա'ցը:
[dzer aroǧdʒutʰján kenátsʰə!]

Trinken wir auf ...!

Խմե՛նք ... համար:
[xmenkʰ ... hamár!]

Auf unseren Erfolg!

Մեր հաջողության կենա'ցը:
[mer hadʒoǧutʰján kenátsʰə!]

Auf Ihren Erfolg!

Ձեր հաջողության կենա'ցը:
[dzer hadʒoǧutʰján kenátsʰə!]

Viel Glück!

Հաջողությո՛ւն:
[hadʒoǧutʰjún!]

Einen schönen Tag noch!

Հաճելի օ՛ր եմ ցանկանում:
[hačeli or em tsʰankanúm!]

Haben Sie einen guten Urlaub!

Հաճելի հանգիստ եմ ցանկանում:
[hačeli hangíst em tsʰankanúm!]

Haben Sie eine sichere Reise!

Բարի ճանապարհ:
[barí čanapárh!]

Ich hoffe es geht Ihnen bald besser!

Շուտ ապաքինու՛մ եմ ցանկանում:
[šut apakʰinúm em tsʰankanúm!]

Sozialisieren

Warum sind Sie traurig?	Ինչո՞ւ եք տխրել:
	[inčú ekʰ txrel?]
Lächeln Sie!	Ժպտացե՛ք:
	[ʒptatsʰékʰ!]
Sind Sie heute Abend frei?	Դուք զբաղվա՞ծ եք այսոր երեկոյան:
	[dukʰ zbaġvàts ekʰ ajsór erekoján?]

Darf ich Ihnen was zum Trinken anbieten?	Կարո՞ղ եմ առաջարկել ձեզ որևէ ըմպելիք:
	karóġ ēm aradʒarkél dzez vorevé əmpelíkʰ?]
Möchten Sie tanzen?	Չե՞ք ցանկանա պարել:
	[čekʰ tsʰankaná parél?]
Gehen wir ins Kino.	Գնա՞նք կինոթատրոն:
	[gnankʰ kinotʰatrón?]

Darf ich Sie ins ... einladen?	Կարո՞ղ եմ հրավիրել ձեզ ...:
	[karóġ em hravirél dzez ...?]
Restaurant	ռեստորան
	[restorán]
Kino	կինոթատրոն
	[kinotʰatrón]
Theater	թատրոն
	[tʰatrón]
auf einen Spaziergang	զբոսանքի
	[zbosankʰí]

Um wie viel Uhr?	Ժամը քանիսի՞ն:
	[ʒámə kʰanisín?]
heute Abend	այսոր երեկոյան
	[ajsór erekoján]
um sechs Uhr	ժամը վեցին
	[ʒámə vetsʰín]
um sieben Uhr	ժամը յոթին
	[ʒámə jotʰín]
um acht Uhr	ժամը ութին
	[ʒámə utʰín]
um neun Uhr	ժամը ինนին
	[ʒámə innín]

Gefällt es Ihnen hier?	Ձեզ այստեղ դու՞ր է գալիս:
	[dzez ajstéġ dur é galís?]
Sind Sie hier mit jemandem?	Դուք այստեղ ինչ-որ մեկի հե՞տ եք:
	[dukʰ ajstéġ ínč-vor mekí het ekʰ]

Ich bin mit meinem Freund /meiner Freundin/.

Ես ընկերոջս /ընկերուհուս/ հետ եմ:
[es ənkeróʒs /ənkeruhús/ het em]

Ich bin mit meinen Freunden.

Ես ընկերներիս հետ եմ:
[es ənkerernís het em]

Nein, ich bin alleine.

Ես մենակ եմ:
[es menák em]

Hast du einen Freund?

Դու ընկեր ունե՞ս:
[du ənkér unés?]

Ich habe einen Freund.

Ես ընկեր ունեմ:
[es ənkér uném]

Hast du eine Freundin?

Դու ընկերուհի ունե՞ս:
[du ənkeruhí unés?]

Ich habe eine Freundin.

Ես ընկերուհի ունեմ:
[es ənkeruhí uném]

Kann ich dich nochmals sehen?

Մենք դեռ կհանդիպե՞նք:
[menkʰ der khandipénkʰ?]

Kann ich dich anrufen?

Կարո՞ղ եմ քեզ զանգահարել:
[karóg em kʰez zangaharél?]

Ruf mich an.

Կզանգես:
[kzangés]

Was ist deine Nummer?

Ո՞նց է համարդ
[vontsʰ ē hamárt?]

Ich vermisse dich.

Ես կարոտում եմ քեզ:
[es karotúm em kʰez]

Sie haben einen schönen Namen.

Դուք շատ գեղեցիկ անուն ունեք:
[dukʰ šat geġetsʰík anún unékʰ]

Ich liebe dich.

Ես սիրում եմ քեզ:
[es sirúm em kʰez]

Willst du mich heiraten?

Արի՞ ամուսնանանք:
[arí amusnanánkʰ]

Sie machen Scherze!

Դուք կատակում եք:
[dukʰ katakúm ekʰ]

Ich habe nur gescherzt.

Ես ուղղակի կատակում եմ:
[es uġġakí katakúm em]

Ist das Ihr Ernst?

Դուք լո՞ւրջ եք ասում:
[dukʰ lúrǰ ekʰ asúm?]

Das ist mein Ernst.

Ես լուրջ եմ ասում:
[es lúrǰ em asúm]

Echt?!

Իրո՞ք:
[irókʰ?!]

Das ist unglaublich!

Դա անհավանական է!
[da anhavanakán ē!]

Ich glaube Ihnen nicht.

Ես ձեզ չեմ հավատում:
[es dzez čem havatúm]

Ich kann nicht.

Ես չեմ կարող:
[es čem karóg]

Ich weiß nicht.

Ես չգիտեմ:
[es čgitém]

Ich verstehe Sie nicht.

Bitte gehen Sie weg.

Lassen Sie mich in Ruhe!

Ich kann ihn nicht ausstehen.

Sie sind widerlich!

Ich rufe die Polizei an!

Ես ձեզ չեմ հասկանում:
[es dzez čem haskanúm]

Հեռացեք, խնդրում եմ:
[hératsʰekʰ, χndrum em]

Ինձ հանգի՛ստ թողեք:
[indz hangíst tʰoğékʰ]

Ես նրան տանել չեմ կարողանում:
[es nran tanél čem karoğanúm]

Դուք զզվելի՛ եք:
[dukʰ zzvelí ekʰ]

Ես ոստիկանություն՛ն կկանչեմ:
[es vostikanutʰjún kəkančém!]

Gemeinsame Eindrücke. Emotionen

Das gefällt mir.	Ինձ դա դուր է գալիս։
	[indz da dur ē galís]
Sehr nett.	Հաճելի է։
	[hačelí ē]
Das ist toll!	Հրաշալի' է!
	[hrašalí ē!]
Das ist nicht schlecht.	Վատ չէ։
	[vat čē]

Das gefällt mir nicht.	Սա ինձ դուր է գալիս։
	[sa indz dur ē galís]
Das ist nicht gut.	Դա լավ չէ։
	[da lav čē]
Das ist schlecht.	Դա վատ է։
	[da vat ē]
Das ist sehr schlecht.	Դա շատ վատ է։
	[da šat vat ē]
Das ist widerlich.	Զզվելի է։
	[zəzvelí ē]

Ich bin glücklich.	Ես երջանիկ եմ։
	[es erǯaník em]
Ich bin zufrieden.	Ես գոհ եմ։
	[es goh em]
Ich bin verliebt.	Ես սիրահարվել եմ։
	[es siraharvél em]
Ich bin ruhig.	Ես հանգիստ եմ։
	[es hangíst em]
Ich bin gelangweilt.	Ես ձանձրանում եմ։
	[es dzandzranúm em]

Ich bin müde.	Ես հոգնել եմ։
	[es hognél em]
Ich bin traurig.	Ես տխուր եմ։
	[es txur em]
Ich habe Angst.	Ես վախեցած եմ։
	[es vaxetsʰáts em]

Ich bin wütend.	Ես զայրանում եմ։
	[es zajranúm em]
Ich mache mir Sorgen.	Ես անհանգստանում եմ։
	[es anhangstanúm em]
Ich bin nervös.	Ես ջղայնանում եմ։
	[es dzǧajnanúm em]

Ich bin eifersüchtig.

Ես նախանձում եմ։
[es naxandzúm em]

Ich bin überrascht .

Ես զարմացած եմ։
[es zarmatsʰáts em]

Es ist mir peinlich.

Ես շիորթված եմ։
[es špʰotʰváts em]

Probleme. Unfälle

Ich habe ein Problem.	Ես խնդիր ունեմ: [es χndír uném]
Wir haben Probleme.	Մենք խնդիրներ ունենք: [menkʰ χndírner unénkʰ]
Ich bin verloren.	Ես մոլորվել եմ: [es molorvél em]
Ich habe den letzten Bus (Zug) verpasst.	Ես ուշացել եմ վերջին ավտոբուսից (գնացքից): es ušatsʰél em avtobusítsʰ (gnatsʰkʰítsʰ)]
Ich habe kein Geld mehr.	Ինձ մոտ դրամ ընդհանրապես չի մնացել: indz mot drám əndhanrapés čí mnatsʰél]

Ich habe mein ... verloren.	Ես կորցրել եմ ... [es kortsʰrél em ...]
Jemand hat mein ... gestohlen.	Ինձ մոտից գողացել են ... [indz mot gogatsʰél en ...]
Reisepass	անձնագիրը [andznagírə]
Geldbeutel	դրամապանակը [dramapanákə]
Papiere	փաստաթղթերը [pʰastatʰgtʰérə]
Fahrkarte	տոմսը [tómsə]
Geld	փողը [pʰógə]
Tasche	պայուսակը [pajusákə]
Kamera	ֆոտոապարատը [fotoaparátə]
Laptop	նոութբուքը [noutʰbúkʰə]
Tabletcomputer	պլանշետը [planšétə]
Handy	հեռախոսը [heraχósə]

Hilfe!	Օգնեgե՛ք: [ognetsʰékʰ!]
Was ist passiert?	Ի՞նչ է պատահել: [inč é pátahél?]

Feuer	հրդեհ [hrdeh]
Schießerei	կրակոց [krakóts^h]
Mord	սպանություն [spanut^hjún]
Explosion	պայթյուն [pajt^hjún]
Schlägerei	կռիվ [kriv]

Rufen Sie die Polizei!	Ոստիկանությո'ւն կանչեք: [vostíkanut^hjún kančék^h!]
Beeilen Sie sich!	Արագացրե'ք, խնդրում եմ: [aragáts^hrék^h χndrum em!]
Ich suche nach einer Polizeistation.	Ես փնտրում եմ ոստիկանության բաժին [es p^hntrum em vostíkanut^hján baʒín]
Ich muss einen Anruf tätigen.	Ինձ պետք է զանգահարել: [indz petk^h ē zangaharél]
Kann ich Ihr Telefon benutzen?	Կարո՞ղ եմ զանգահարել: [karóg em zangaharél?]

Ich wurde …	Ինձ … [indz …]
ausgeraubt	կողոպտել են [koğoptél en]
überfallen	թալանել են [t^halanél en]
vergewaltigt	բռնաբարել են [brnabarél en]
angegriffen	ծեծել են [tsetsél en]

Ist bei Ihnen alles in Ordnung?	Ձեզ հետ ամեն ինչ կարգի՞ն է: [dzez hēt amén inč kargín ē?]
Haben Sie gesehen wer es war?	Դուք տեսե՞լ եք, ով էր նա: [duk^h tesél ēk^h ov ēr na?]
Sind Sie in der Lage die Person wiederzuerkennen?	Կարո՞ղ եք նրան ճանաչել: [karóg ek^h nran čanačél?]
Sind sie sicher?	Համոզվա՞ծ եք: [hamozváts ek^h?]

Beruhigen Sie sich bitte!	Խնդրում եմ, հանգստացեք: [χndrum em, hangstats^hék^h]
Ruhig!	Հանգի'ստ: [hangíst!]
Machen Sie sich keine Sorgen	Մի անհանգստացեք: [mi anhangstats^hék^h]
Alles wird gut.	Ամեն ինչ լավ կլինի: [amén inč lav klíní]
Alles ist in Ordnung.	Ամեն ինչ կարգին է: [amén inč kargín ē]

Kommen Sie bitte her.

Մոտեցե՛ք, խնդրեմ:
[motetsʰékʰ, χndrem]

Ich habe einige Fragen für Sie.

Ես ձեզ մի քանի հարց ունեմ տալու:
[es dzez mi kʰaní hartsʰ uném talú]

Warten Sie einen Moment bitte.

Սպասե՛ք, խնդրեմ:
[spasékʰ, χndrem]

Haben Sie einen
Identifikationsnachweis?

Դուք փաստաթղթեր ունե՞ք:
[dukʰ pʰastatʰgtʰér unékʰ?]

Danke. Sie können nun gehen.

Շնորհակալություն:
Դուք կարող եք գնալ:
šnorhakalutʰjún.
dukʰ karóg ekʰ gnal]

Hände hinter dem Kopf!

Ձեռքերը գլխի հետևՙ:
[dzerkʰérə glχi hetév]

Sie sind verhaftet!

Դուք ձերբակալվա՛ծ եք:
[dukʰ dzerbakalváts ekʰ]

Gesundheitsprobleme

Helfen Sie mir bitte.	Oգնեցեք, խնդրում եմ: [ognetsʰékʰ, χndrum em]
Mir ist schlecht.	Ես ինձ վատ եմ զգում: [es indz vat em zgum]
Meinem Ehemann ist schlecht.	Իմ ամուսինն իրեն վատ է զգում: [im amusínn irén vat ē zgum]
Mein Sohn …	Իմ որդին … [im vordín …]
Mein Vater …	Իմ հայրն … [im hajrn …]

Meine Frau fühlt sich nicht gut.	Իմ կինն իրեն վատ է զգում: [im kinn irén vat ē zgum]
Meine Tochter …	Իմ դուստրն … [im dustrn …]
Meine Mutter …	Իմ մայրն … [im majrn …]

Ich habe … schmerzen.	Իմ … ցավում է: [im … tsʰavúm ē]
Kopf-	գլուխը [glúχə]
Hals-	կոկորդը [kokórdə]
Bauch-	փորը [pʰórə]
Zahn-	ատամը [atámə]

Mir ist schwindelig.	Գլուխս պտտվում է: [glúχs ptətvúm ē]
Er hat Fieber.	Նա ջերմություն ունի: [na dʒermutʰjún uní]
Sie hat Fieber.	Նա ջերմություն ունի: [na dʒermutʰjún uní]
Ich kann nicht atmen.	Ես չեմ կարողանում շնչել: [es čem karoɡanúm šnčel]

Ich kriege keine Luft.	Խեղդվում եմ: [χeɡdvúm em]
Ich bin Asthmatiker.	Ես աստմահար եմ: [es astʰmahár em]
Ich bin Diabetiker /Diabetikerin/	Ես շաքարախտ ունեմ: [es šakʰaráχt uném]

Ich habe Schlaflosigkeit.
Ես անքնությունն ունեմ:
[es ankʰnutʰjún uném]

Lebensmittelvergiftung
սննդային թունավորում
[snəndajín tʰunavorúm]

Es tut hier weh.
Այստեղ է ցավում:
[ajstég ê tsʰavúm]

Hilfe!
Օգնեցե՛ք:
[ogneɪsʰékʰ!]

Ich bin hier!
Ես այստե՛ղ եմ:
[es ajstég em!]

Wir sind hier!
Մենք այստե՛ղ ենք:
[menkʰ ajstég enkʰ!]

Bringen Sie mich hier raus!
Հանե՛ք ինձ:
[hanékʰ ʼindz]

Ich brauche einen Arzt.
Ինձ բժիշկ է պետք:
[indz bʒíšk ê petkʰ]

Ich kann mich nicht bewegen.
Ես չեմ կարողանում շարժվել:
[es čem karoganúm šarʒvél]

Ich kann meine Beine nicht bewegen.
Ես չեմ զգում ոտքերս:
[es čem zgum votkʰérs]

Ich habe eine Wunde.
Ես վիրավոր եմ:
[es viravór em]

Ist es ernst?
Լո՞ւրջ:
[lurdʒ?]

Meine Dokumente sind in meiner Hosentasche.
Իմ փաստաթղթերը գրպանումս են:
[im pʰastatʰgtʰərə grpanúms en]

Beruhigen Sie sich!
Հանգստացե՛ք:
[hangstatsʰékʰ]

Kann ich Ihr Telefon benutzen?
Կարո՞ղ եմ զանգահարել:
[karóg em zangaharél?]

Rufen Sie einen Krankenwagen!
Շտապ օգնություն կանչե՛ք:
[štap ognutʰjún kančékʰ]

Es ist dringend!
Սա շտապ է!
[sa štap ê!]

Es ist ein Notfall!
Սա շատ շտապ է!
[sa šat štap ê!]

Schneller bitte!
Արագացրեք, խնդրում եմ:
[aragatsʰrékʰ xndrum em!]

Können Sie bitte einen Arzt rufen?
Բժիշկ կանչեք, խնդրում եմ:
[bʒíšk kančékʰ, xndrum em]

Wo ist das Krankenhaus?
Ասացեք, որտե՞ղ է հիվանդանոցը:
[asatsʰékʰ, vortég ê hivandanótsʰə?]

Wie fühlen Sie sich?
Ինչպե՞ս եք ձեզ զգում:
[inčpês ekʰ dzez zgum?]

Ist bei Ihnen alles in Ordnung?
Ձեզ հետ ամեն ինչ կարգի՞ն է:
[dzez hêt amén inč kargín ê?]

Was ist passiert?
Ի՞նչ է պատահել:
[inč ê pátahél?]

Mir geht es schon besser.	**Ես արդեն ինձ լավ եմ զգում:** [es ardén indz lav em zgum]
Es ist in Ordnung.	**Ամեն ինչ կարգին է:** [amén inč kargín ē]
Alles ist in Ordnung.	**Ամեն ինչ լավ է:** [amén inč lav ē]

In der Apotheke

Apotheke	դեղատուն [degatún]
24 Stunden Apotheke	շուրջօրյա դեղատուն [šurdžorjá degatún]
Wo ist die nächste Apotheke?	Որտե՞ղ է մոտակա դեղատունը: [vortéǧ ě motaká degatúnə?]
Ist sie jetzt offen?	Այն հիմա բա՞ց է: [ajn híma batsʰ ē?]
Um wie viel Uhr öffnet sie?	Ժամը քանիսի՞ն է այն բացվում: [žámə kʰanisín ē ajn batsʰvúm?]
Um wie viel Uhr schließt sie?	Մինչև ո՞ր ժամն է այն աշխատում: [minčév vor žamn ē ajn ašxatúm?]
Ist es weit?	Դա հեռո՞ւ է: [da hērú ē?]
Kann ich dort zu Fuß hingehen?	Ես կհասնե՞մ այնտեղ ոտքով: [es khasném ajntéǧ votkʰóv?]
Können Sie es mir auf der Karte zeigen?	Ցույց տվեք ինձ քարտեզի վրա, խնդրում եմ: [tsʰujtsʰ tvekʰ indz kartezí vra, xndrum em]
Bitte geben sie mir etwas gegen ...	Տվեք ինձ ինչ-որ բան ... համար: [tvekʰ indz ínč-vor ban ... hamár]
Kopfschmerzen	գլխացավի [glxatsʰaví]
Husten	հազի [hazí]
eine Erkältung	մրսածության [mrsatsutʰján]
die Grippe	հարբուխի [harbuxí]
Fieber	ջերմության [džermútʰján]
Magenschmerzen	փորացավի [pʰoratsʰaví]
Übelkeit	սրտխառնոցի [srtxarnotsʰí]
Durchfall	լուծի [lutsí]
Verstopfung	փորկապության [pʰorkapútʰján]

Rückenschmerzen	մեջքի ցավ [medʒkʰí tsʰav]
Brustschmerzen	կրծքի ցավ [krtskʰí tsʰav]
Seitenstechen	կողացավ [kogatsʰáv]
Bauchschmerzen	փորացավ [pʰoratsʰáv]

Pille	հաբ [hab]
Salbe, Creme	քսուք, կրեմ [kʰsukʰ, krem]
Sirup	օշարակ [ošarák]
Spray	սփրեյ [spʰrej]
Tropfen	կաթիլներ [katʰilnér]

Sie müssen ins Krankenhaus gehen.	Դուք պետք է հիվանդանոց գնաք: [dukʰ petkʰ ē hivandanótsʰ gnakʰ]
Krankenversicherung	ապահովագրություն [apahovagrutʰjún]
Rezept	դեղատոմս [degatóms]
Insektenschutzmittel	միջատների դեմ միջոց [midʒatnerí dem midʒótsʰ]
Pflaster	լեյկոսպեղանի [lejkospeganí]

Das absolute Minimum

Entschuldigen Sie bitte, …	Ներեցեք, … [nerets^hék^h, …]
Hallo.	Բարև Ձեզ: [barév dzez]
Danke.	Շնորհակալություն: [šnorhakalut^hjún]
Auf Wiedersehen.	Ցտեսություն: [ts^htesut^hjún]
Ja.	Այո: [ajó]
Nein.	Ոչ: [voč]
Ich weiß nicht.	Ես չգիտեմ: [es čgitém]
Wo? | Wohin? | Wann?	Ո՞րտեղ: | Ո՞ւր: | Ե՞րբ: [vórteğ? | ur? | erb?]

Ich brauche …	Ինձ հարկավոր է … [indz harkavór e …]
Ich möchte …	Ես ուզում եմ … [es uzúm em …]
Haben Sie …?	Դուք ունե՞ք …: [duk^h unék^h …?]
Gibt es hier …?	Այստեղ կա՞ …: [ajstéğ ka …?]
Kann ich …?	Ես կարո՞ղ եմ …: [es karóğ em …?]
Bitte (anfragen)	Խնդրում եմ [xndrum em]

Ich suche …	Ես փնտրում եմ … [es p^hntrum em …]
die Toilette	զուգարան [zugarán]
den Geldautomat	բանկոմատ [bankomát]
die Apotheke	դեղատուն [değatún]
das Krankenhaus	հիվանդանոց [hivandanóts^h]
die Polizeistation	ոստիկանության բաժանմունք [vostikanut^hján bažanmúnk^h]
die U-Bahn	մետրո [metró]

das Taxi	տաքսի
	[takʰsí]
den Bahnhof	կայարան
	[kajarán]

Ich heiße …	Իմ անունը … է:
	[im anúnə … ē]
Wie heißen Sie?	Ձեր անունն ի՞նչ է:
	[dzer anúnn inč ē?]
Helfen Sie mir bitte.	Օգնեցեք ինձ, խնդրեմ:
	[ognetsʰékʰ indz, χndrem]
Ich habe ein Problem.	Ես խնդիր ունեմ:
	[es χndir uném]
Mir ist schlecht.	Ես ինձ վատ եմ զգում:
	[es indz vat em zgum]
Rufen Sie einen Krankenwagen!	Շտապ օգնություն կանչեք:
	[štap ognutʰjún kančékʰ]
Darf ich telefonieren?	Կարո՞ղ եմ զանգահարել:
	[karóǵ em zangaharél?]

Entschuldigung.	Ներեցեք
	[neretsʰékʰ]
Keine Ursache.	Խնդրեմ
	[χndrem]

ich	ես
	[es]
du	դու
	[du]
er	նա
	[na]
sie	նա
	[na]
sie (Pl, Mask.)	նրանք
	[nránkʰ]
sie (Pl, Fem.)	նրանք
	[nránkʰ]
wir	մենք
	[menkʰ]
ihr	դուք
	[dukʰ]
Sie	Դուք
	[nránkʰ]

EINGANG	ՄՈՒՏՔ
	[mutkʰ]
AUSGANG	ԵԼՔ
	[elkʰ]
AUßER BETRIEB	ՉԻ ԱՇԽԱՏՈՒՄ
	[či ašχatúm]
GESCHLOSSEN	ՓԱԿ Է
	[pʰak ē]

OFFEN	ԲԱՑ Է
	[bats^h ē]
FÜR DAMEN	ԿԱՆԱՆՑ ՀԱՄԱՐ
	[kanánts^h hamár]
FÜR HERREN	ՏՂԱՄԱՐԴԿԱՆՑ ՀԱՄԱՐ
	[tġamardkánts^h hamár]

MINI-WÖRTERBUCH

Dieser Teil beinhaltet
250 nützliche Wörter, die für
die tägliche Kommunikation
benötigt werden. Sie werden
hier die Namen der Monate
und Wochentage finden.
Das Wörterbuch beinhaltet
auch Themen wie Farben,
Maße, Familie und mehr

T&P Books Publishing

INHALT WÖRTERBUCH

T&P Books Publishing

Zeit (f)	ժամանակ	[ʒamanák]
Stunde (f)	ժամ	[ʒam]
eine halbe Stunde	կես ժամ	[kes ʒam]
Minute (f)	րոպե	[ropé]
Sekunde (f)	վայրկյան	[vajrkján]

heute	այսոր	[ajsór]
morgen	վաղը	[váɣə]
gestern	երեկ	[erék]

Montag (m)	երկուշաբթի	[erkušabtʰí]
Dienstag (m)	երեքշաբթի	[erekʰšabtʰí]
Mittwoch (m)	չորեքշաբթի	[čorekʰšabtʰí]
Donnerstag (m)	հինգշաբթի	[hingšabtʰí]
Freitag (m)	ուրբաթ	[urbátʰ]
Samstag (m)	շաբաթ	[šabátʰ]
Sonntag (m)	կիրակի	[kirakí]

Tag (m)	օր	[or]
Arbeitstag (m)	աշխատանքային օր	[ašχatankʰajín or]
Feiertag (m)	տոնական օր	[tonakán or]
Wochenende (n)	շաբաթ, կիրակի	[šabátʰ, kirakí]

Woche (f)	շաբաթ	[šabátʰ]
letzte Woche	անցյալ շաբաթ	[antsʰjál šabátʰ]
nächste Woche	հաջորդ շաբաթ	[hadʒórt shabát]

| morgens | առավոտյան | [aravotján] |
| nachmittags | ճաշից հետո | [čašítsʰ hetó] |

| abends | երեկոյան | [erekoján] |
| heute Abend | այսոր երեկոյան | [ajsór erekoján] |

| nachts | գիշերը | [gišérə] |
| Mitternacht (f) | կեսգիշեր | [kesgišér] |

Januar (m)	հունվար	[hunvár]
Februar (m)	փետրվար	[pʰetrvár]
März (m)	մարտ	[mart]
April (m)	ապրիլ	[apríl]
Mai (m)	մայիս	[majís]
Juni (m)	հունիս	[hunís]

| Juli (m) | հուլիս | [hulís] |
| August (m) | օգոստոս | [ogostós] |

September (m)	սեպտեմբեր	[septembér]
Oktober (m)	հոկտեմբեր	[hoktembér]
November (m)	նոյեմբեր	[noembér]
Dezember (m)	դեկտեմբեր	[dektembér]

im Frühling	գարնանը	[garnánə]
im Sommer	ամռանը	[amránə]
im Herbst	աշնանը	[ašnánə]
im Winter	ձմռանը	[dzmránə]

Monat (m)	ամիս	[amís]
Saison (f)	սեզոն	[sezón]
Jahr (n)	տարի	[tarí]

2. Zahlen. Zahlwörter

null	զրո	[zro]
eins	մեկ	[mek]
zwei	երկու	[erkú]
drei	երեք	[erékʰ]
vier	չորս	[čors]

fünf	հինգ	[hing]
sechs	վեց	[vetsʰ]
sieben	յոթ	[jotʰ]
acht	ութ	[utʰ]
neun	ինը	[ínə]
zehn	տաս	[tas]

elf	տասնմեկ	[tasnmék]
zwölf	տասներկու	[tasnerkú]
dreizehn	տասներեք	[tasnerékʰ]
vierzehn	տասնչորս	[tasnčórs]
fünfzehn	տասնհինգ	[tasnhíng]

sechzehn	տասնվեց	[tasnvétsʰ]
siebzehn	տասնյոթ	[tasnjótʰ]
achtzehn	տասնութ	[tasnútʰ]
neunzehn	տասնինը	[tasnínə]

zwanzig	քսան	[kʰsan]
dreißig	երեսուն	[eresún]
vierzig	քառասուն	[kʰarasún]
fünfzig	հիսուն	[hisún]

sechzig	վաթսուն	[vatʰsún]
siebzig	յոթանասուն	[jotʰanasún]
achtzig	ութսուն	[utʰsún]
neunzig	իննսուն	[innsún]
einhundert	հարյուր	[harjúr]

zweihundert	երկու հարյուր	[erkú harjúr]
dreihundert	երեք հարյուր	[erékʰ harjúr]
vierhundert	չորս հարյուր	[čórs harjúr]
fünfhundert	հինգ հարյուր	[hing harjúr]

sechshundert	վեց հարյուր	[vetsʰ harjúr]
siebenhundert	յոթ հարյուր	[jotʰ harjúr]
achthundert	ութ հարյուր	[utʰ harjúr]
neunhundert	ինը հարյուր	[ínə harjúr]
eintausend	հազար	[hazár]

| zehntausend | տաս հազար | [tas hazár] |
| hunderttausend | հարյուր հազար | [harjúr hazár] |

| Million (f) | միլիոն | [milión] |
| Milliarde (f) | միլիարդ | [miliárd] |

3. Menschen. Familie

Mann (m)	տղամարդ	[tġamárd]
Junge (m)	պատանի	[pataní]
Frau (f)	կին	[kin]
Mädchen (n)	օրիորդ	[oriórd]
Greis (m)	ծերունի	[tseruní]
alte Frau (f)	պառավ	[paráv]

Mutter (f)	մայր	[majr]
Vater (m)	հայր	[hajr]
Sohn (m)	որդի	[vordí]
Tochter (f)	դուստր	[dustr]
Bruder (m)	եղբայր	[eġbájr]
Schwester (f)	քույր	[kʰujr]

Eltern (pl)	ծնողներ	[tsnoġnér]
Kind (n)	երեխա	[ereχá]
Kinder (pl)	երեխաներ	[ereχanér]
Stiefmutter (f)	խորթ մայր	[χortʰ majr]
Stiefvater (m)	խորթ հայր	[χortʰ hajr]

Großmutter (f)	տատիկ	[tatík]
Großvater (m)	պապիկ	[papík]
Enkel (m)	թոռ	[tʰor]
Enkelin (f)	թոռնուհի	[tʰornuhí]
Enkelkinder (pl)	թոռներ	[tʰornér]

Neffe (m)	քրոջորդի, քրոջ աղջիկ	[kʰrodʒordí], [kʰrodʒ aġdʒík]
Nichte (f)	եղբորորդի, եղբոր աղջիկ	[eġborordí], [eġbór aġdʒík]
Frau (f)	կին	[kin]
Mann (m)	ամուսին	[amusín]

verheiratet (Ehemann)	ամուսնացած	[amusnats^háts]
verheiratet (Ehefrau)	ամուսնացած	[amusnats^háts]
Witwe (f)	այրի կին	[ajrí kin]
Witwer (m)	այրի տղամարդ	[ajrí tġamárd]

Vorname (m)	անուն	[anún]
Name (m)	ազգանուն	[azganún]

Verwandte (m)	ազգական	[azgakán]
Freund (m)	ընկեր	[ənkér]
Freundschaft (f)	ընկերություն	[ənkerut^hjún]

Partner (m)	գործընկեր	[gortsənkér]
Vorgesetzte (m)	պետ	[pet]
Kollege (m), Kollegin (f)	գործընկեր	[gortsənkér]
Nachbarn (pl)	հարևաններ	[harevannér]

4. Menschlicher Körper. Anatomie

Körper (m)	մարմին	[marmín]
Herz (n)	սիրտ	[sirt]
Blut (n)	արյուն	[arjún]
Gehirn (n)	ուղեղ	[uġéġ]

Knochen (m)	ոսկոր	[voskór]
Wirbelsäule (f)	ողնաշար	[voġnašár]
Rippe (f)	կողոսկր	[koġóskr]
Lungen (pl)	թոքեր	[t^hok^hér]
Haut (f)	մաշկ	[mašk]

Kopf (m)	գլուխ	[glux]
Gesicht (n)	երես	[erés]
Nase (f)	քիթ	[k^hit^h]
Stirn (f)	ճակատ	[čakát]
Wange (f)	այտ	[ajt]

Mund (m)	բերան	[berán]
Zunge (f)	լեզու	[lezú]
Zahn (m)	ատամ	[atám]
Lippen (pl)	շրթունքներ	[šrt^hunk^hnér]
Kinn (n)	կզակ	[kzak]

Ohr (n)	ականջ	[akándʒ]
Hals (m)	պարանոց	[paranóts^h]
Auge (n)	աչք	[ačk^h]
Pupille (f)	բիբ	[bib]
Augenbraue (f)	ունք	[unk^h]
Wimper (f)	թարթիչ	[t^hart^híč]
Haare (pl)	մազեր	[mazér]
Frisur (f)	սանրվածք	[sanrvátsk^h]

Schnurrbart (m)	բեղեր	[beģér]
Bart (m)	մորուք	[morúkʰ]
haben (einen Bart ~)	կրել	[krel]
kahl	ճաղատ	[čaģát]

Hand (f)	դաստակ	[dasták]
Arm (m)	թև	[tʰev]
Finger (m)	մատ	[mat]
Nagel (m)	եղունգ	[eģúng]
Handfläche (f)	ափ	[apʰ]

Schulter (f)	ուս	[us]
Bein (n)	ոտք	[votkʰ]
Knie (n)	ծունկ	[ʦunk]
Ferse (f)	կրունկ	[krunk]
Rücken (m)	մեջք	[medʒkʰ]

5. Kleidung. Persönliche Accessoires

Kleidung (f)	հագուստ	[hagúst]
Mantel (m)	վերարկու	[verarkú]
Pelzmantel (m)	մուշտակ	[mušták]
Jacke (z.B. Lederjacke)	բաճկոն	[bačkón]
Regenmantel (m)	թիկնոց	[tʰiknótsʰ]

Hemd (n)	վերնաշապիկ	[vernašapík]
Hose (f)	տաբատ	[tabát]
Jackett (n)	պիջակ	[pidʒák]
Anzug (m)	կոստյում	[kostjúm]

Damenkleid (n)	զգեստ	[zgest]
Rock (m)	շրջազգեստ	[šrdʒazgést]
T-Shirt (n)	մարզաշապիկ	[marzašapík]
Bademantel (m)	խալաթ	[χalátʰ]
Schlafanzug (m)	նեցազգեստ	[nndʒazgést]
Arbeitskleidung (f)	աշխատանքային հանմազգեստ	[ašχatankʰajín hamazgést]

Unterwäsche (f)	ներքնազգեստ	[nerkʰnazgést]
Socken (pl)	կիսագուլպա	[kisagulpá]
Büstenhalter (m)	կրծքակալ	[krtskʰákal]
Strumpfhose (f)	զուգագուլպա	[zugagulpá]
Strümpfe (pl)	գուլպաներ	[gulpanér]
Badeanzug (m)	լողազգեստ	[loģazgést]

Mütze (f)	գլխարկ	[glχark]
Schuhe (pl)	կոշիկ	[košík]
Stiefel (pl)	երկարաճիտ կոշիկներ	[erkaračít košiknér]
Absatz (m)	կրունկ	[krunk]
Schnürsenkel (m)	կոշկակապ	[koškakáp]

Schuhcreme (f)	կոշիկի քսուք	[košikí ksúkʰ]
Handschuhe (pl)	ձեռնոցներ	[dzernotsʰnér]
Fausthandschuhe (pl)	ձեռնոց	[dzernótsʰ]
Schal (Kaschmir-)	շարֆ	[šarf]
Brille (f)	ակնոց	[aknótsʰ]
Regenschirm (m)	հովանոց	[hovanótsʰ]

Krawatte (f)	փողկապ	[pʰoǵkáp]
Taschentuch (n)	թաշկինակ	[tʰaškinák]
Kamm (m)	սանր	[sanr]
Haarbürste (f)	մազերի խոզանակ	[mazerí χozanák]

Schnalle (f)	ճարմանդ	[čarmánd]
Gürtel (m)	գոտի	[gotí]
Handtasche (f)	կանացի պայուսակ	[kanatsʰí pajusák]

6. Haus. Wohnung

Wohnung (f)	բնակարան	[bnakarán]
Zimmer (n)	սենյակ	[senják]
Schlafzimmer (n)	ննջարան	[nndʒarán]
Esszimmer (n)	ճաշասենյակ	[čašasenják]

Wohnzimmer (n)	հյուրասենյակ	[hjurasenják]
Arbeitszimmer (n)	աշխատասենյակ	[ašχatasenják]
Vorzimmer (n)	նախասենյակ	[naχasenják]
Badezimmer (n)	լոգարան	[logarán]
Toilette (f)	զուգարան	[zugarán]

Staubsauger (m)	փոշեկուլ	[pʰošekúl]
Schrubber (m)	շվաբր	[švabr]
Lappen (m)	շնցոց	[dʒndʒotsʰ]
Besen (m)	ավել	[avél]
Kehrichtschaufel (f)	աղբակալ	[aǵbakál]

Möbel (n)	կահույք	[kahújkʰ]
Tisch (m)	սեղան	[seǵán]
Stuhl (m)	աթոռ	[atʰór]
Sessel (m)	բազկաթոռ	[bazkatʰór]

Spiegel (m)	հայելի	[hajelí]
Teppich (m)	գորգ	[gorg]
Kamin (m)	բուխարի	[buχarí]
Vorhänge (pl)	վարագույր	[varagújr]
Tischlampe (f)	սեղանի լամպ	[seǵaní lámp]
Kronleuchter (m)	ջահ	[dʒah]

Küche (f)	խոհանոց	[χohanótsʰ]
Gasherd (m)	գազօջախ	[gazodʒáχ]
Elektroherd (m)	էլեկտրական սալօջախ	[ēlektrakán salodʒáχ]

Mikrowellenherd (m)	միկրոալիքային վառարան	[mikroalikʰajín vararán]
Kühlschrank (m)	սառնարան	[sarnarán]
Tiefkühltruhe (f)	սառնախցիկ	[sarnaχtsʰík]
Geschirrspülmaschine (f)	աման լվացող մեքենա	[amán lvatsʰóġ mekʰená]
Wasserhahn (m)	ծորակ	[tsorák]

Fleischwolf (m)	մսաղաց	[msaġátsʰ]
Saftpresse (f)	հյութքամիչ	[hjutʰakʰamíč]
Toaster (m)	տոստեր	[tostér]
Mixer (m)	հարիչ	[haríč]

Kaffeemaschine (f)	սրճեփ	[srčepʰ]
Wasserkessel (m)	թեյնիկ	[tʰejník]
Teekanne (f)	թեյաման	[tʰejamán]

Fernseher (m)	հեռուստացույց	[herustatsʰújtsʰ]
Videorekorder (m)	տեսամագնիտոֆոն	[tesamagnitofón]
Bügeleisen (n)	արդուկ	[ardúk]
Telefon (n)	հեռախոս	[heraχós]